首都圏49路線の
最新“暮らしやすさ”指標が満載!!

誰も書けなかった首都圏沿線格差

inディープ

首都圏沿線格差研究会・編

笠倉出版社

はじめに——

東京の人口はおよそ1400万人。その東京を中心とする首都圏となると、人口は3700万人を超えると言われている。その人たちの通勤・通学・社会活動を助けるべく、都心部から蜘蛛の網のように無数に張り巡らされているのが鉄道だ。東京から周辺都市にかけて、いま何本の鉄道があるのだろうか。それら鉄道の形や大きさ、見た目にこそ違いはあるが、人を運ぶという本質において何ら変わりはない。

しかし、そんな鉄道を受け入れる沿線はいろいろと格差付けられている。人が暮らすという本質において変わりはないが、田園調布と足立区を同列にくくって違和感を抱かない人はいないだろう。住民のマナー、治安の良さ、交通の利便性、嫌悪施設の有無、住民の年齢層などが沿線格差を決定する。

本書は首都圏の鉄道49路線のディープな側面をほじくりかえしながら、各沿線の格差を詳細にわたって、編集部が独自にレポートしたものである。格差を参考にするかしないかは貴方次第。ぜひ笑い飛ばしながら読んでいただきたい。

2017年吉日　首都圏沿線格差研究会

もくじ

首都圏49路線の最新〝暮らしやすさ〟指標が満載!!
誰も書けなかった首都圏沿線格差 inディープ

【第三章】知りたくなかった？ 首都圏の路線沿線の真実

都心編

【第四章】山手線6大ターミナル 沿線格差を生み出す〝元凶駅〟設置秘話

※各本文末尾にあるデータは当研究会が独自に算出したものです。
ランクは当研究会が各報告書などを参考に、現地でのレポートを付け加え数値化しました。
また、本誌の見解はすべて編集部独自のものであり、特定の企業や団体、個人等を貶める
ものではありません。

本誌に掲載されている情報は２０１７年８月下旬現在のものです。

【第一章】知りたくなかった？首都圏の路線沿線の真実

JR路線編

東海道線

汗と涙の満員15両 〝湘南〟のイメージは微塵もナシ——

正式名称	東海道線
営業区間	東京〜熱海
開業年	1872年
営業キロ	104.6㎞
駅数	21駅

上野東京ラインなんてロクなもんじゃない！

２０１５年に上野東京ラインが営業を開始して、東海道線と宇都宮線・高崎線がめでたく（？）結ばれた。

おかげで、これまでまともに立つこともままならなかった山手線・京浜東北線上野〜東京間の混雑は幾分ましになったのだが、一方で東海道線沿線に暮らす連中はこう言った。

「東京からの始発で座って帰れなくなるから、上野東京ラインなんてロクなもんじゃない」

おっしゃる通り、それまでは東京発着だった東海道線が上野方面に直通してしまうのだから、東京駅から乗り込もうと思ったときにはすでに列車は満員である。東海道線沿線民にとって頼みの綱であるグリーン車だってもう手遅れ。東京駅や品川駅でグリーン券を買って乗ったところで、もう座れる席は残されていない。だから、彼らにとって上野東京ラインの開通は喜ばしいニュースではなかったということだ。

たまに昼間や週末しか東海道線に乗らない人はピンとこないかもしれないが、東海道線はとにかく混んでいる。朝のラッシュアワーでは、15両編成がギッシリ満員である。そんな路線は日本中を見渡しても他にはない。一応、2両だけ別料金を支払えば座るチャンスが拡大するグリーン車もあるのだが、これとて自由席だから状況次第では座れない。

そんなわけで、座りたい欲望が高まるばかりの東海道線民は、どんどん遠くへ離れていく。横浜や戸塚あたりでは遅すぎる。大船ではギリギリ。

となれば、藤沢や茅ケ崎、さらには相模川を渡って平塚あたりから東京に通勤する人も少なくない。少しでも始発駅に近づけば、座れる可能性が高くなる。で、帰りは東京駅の始発列車に乗れば座れるから安心楽ちん……というわけだ。

かくして東海道線民、それも大船以西に家を構える連中のアイデンティティはこうなる。

「東京から遠すぎる？　いやいや、のんびりグリーン車に座って通勤できるし、そもそもオレたち湘南に住んでるから、湘南に」

しかし、上野東京ラインはそんな彼らの優越感をぶっ叩く。今では朝の出社時こそ座れても、帰宅時には一日働いて疲れ切った重い体で満員電車に揺られることになった。それも湘南方面までの長距離を……である。

そして、今や東海道線民の北関東への恨み辛みは高まるばかり。「オレたちハイソな湘南民を苦しめる北関東のヤツら」という怒りの構図が生まれてしまった。別に埼玉県民や高崎・宇都宮の人たちがラッシュ時に上野東京ライン経由で湘南まで乗っているとは思えないので、恨み辛みもお門違いなのだけれど。

おっぱい丸出し女子が闊歩。ハイソなイメージはどこへ？

と、そんな負の歴史を歩み始めている東海道線だが、1872年に新橋～横浜間で運転

埼玉県までつながったものの、神奈川県民は、ほぼ北関東への利用はない。

を開始した日本で最も古い鉄道路線である。横須賀線沿線の鎌倉も含んだ湘南地域は、鉄道の開通によって繁栄の基礎を築いた。

1887年に東海道線が国府津まで、1889年には横須賀線が開通し、以来都心と遠くて近い絶妙な距離感と過ごしやすい気象条件、そして相模湾を望む海岸線の景勝が愛されて、要人たちの人気別荘地・保養地になったのだ。

鉄道延伸に先立つ1885年には大磯、1886年には鵠沼海岸に海水浴場が開設されており、葉山には御用邸や宮家別邸も相次いで完成した。

この頃の東海道線・横須賀線は、現在の

ゴミのような混雑というよりは、リゾート地で余暇を過ごした人たちが乗り込む行楽路線の趣きが強かったことだろう。

湘南地域の各駅で駅そば店を営業し、駅弁「鯵の押し寿司」が有名な大船軒は、1899年に日本で初めて駅弁のサンドウィッチを発売している。明治半ばにして湘南ではサンドウィッチが受け入れられたのだから、他の地域とは明らかに違う雰囲気を持っていたということだ。

そんな湘南が一変したのは、戦後になってから。首都圏の爆発的な人口増加に伴って、湘南方面もベッドタウン化が進行する。腐っても湘南だから、そのハイソなイメージに憧れて東海道・横須賀線沿線に家を構える人も増えた。

1980年、国鉄はそれまで同じ線路を走っていた東海道線と横須賀線の線路を分ける〝SM分離〟を実行した。東海道線の利用者が激増して輸送力が限界を越えてしまったからだ。

行楽地・湘南のイメージは確かに今に受け継がれ、海水浴場の賑わいは変わらない。が、明治時代の海水浴は〝保養目的〟だったのに対して、今の海水浴客は破廉恥である。

加山雄三あたりまではギリギリ許されても、石原慎太郎の『太陽の季節』に描かれた享楽主義に溺れる若者＝太陽族なんて、まさに湘南が湘南でなくなった時代の象徴だ。そしてサザンオールスターズを経て今では湘南乃風。

結果、保養地・別荘地どころか、半ばおっぱい丸出しの女子が町中を闊歩する、破廉恥な街へ成り下がってしまった。

そして気がつけば、東海道線・横須賀線はかつてのリゾート地に赴く行楽路線から、どこにでもあるようなすし詰め満員の通勤電車になってしまった。湘南のみかん畑をイメージしたというオレンジとグリーンの〝湘南色〟をまとって話題を呼んだ「湘南電車」の真新しい風情も、今は昔である。

破廉恥水着の女子を横目に満員電車に乗り込んで、上野東京ラインに毒づく東海道線民。それを見て、古くから湘南に邸宅を構える人たちは何を思うのだろうか――。

LINE DATA

路線・混雑率	168%
路線・運賃収入	2253億7700万円
家賃相場	6.6万円
沿線㊙スポット	風俗街（横浜、川崎）、ギャンブル施設（川崎競馬、平塚競輪、小田原競輪）ほか

犯罪発生度	★★★☆☆
メディア好感度	★★★☆☆
勘違い住民度	★★★★☆
住民貧困度	★★★☆☆
生活不便度	★★☆☆☆

中央線

サブカルに傾倒した街の〝知られざる過去〟――

正式名称	中央線快速
営業区間	東京〜高尾
開業年	1889年
営業キロ	53.1㎞
駅数	24駅
フレーズ	中央線が好きだ。

荻窪・吉祥寺・三鷹……大人気エリアの〝真の姿〟

あのオレンジ色に、一体どんな魔力があるというのだろうか？

少し前には街歩き雑誌も中央線を特集すればよく売れたと聞いたし、そもそもJR東日本が「中央線が好きだ。」などと言い出している。あまつさえ、「中央線文化」なんて言葉も聞く始末。

あの猛烈な満員電車と人身事故ですぐにダイヤが乱れる中央線、どこをどうしたら好きになれるのか。さしずめ東京に憧れつつも都心のど真ん中に住むほどの勇気も金もない地方出身者が、サブカル路線を気取って中央線を推している、といったところだろう。

東中野駅から立川駅あたりまでほぼ一直線に東西に駆け抜ける中央線は、これだけ真っ直ぐな路線が作れたことから想像できるようにもともとは何もないところに建設された。甲武鉄道という私鉄によって1889年に開業したのだが、社名から分かる通り甲府までを結ぶ野望を持っていたようだ。

だが、結果的には甲武鉄道時代には八王子止まりで、国有化されてから甲府方面への延伸を果たしている。ともあれ、今のように通勤路線として計画されたわけではないので、とにかく一直線に目的地まで駆け抜けるのがうれしい。

そんなわけで、古来東京と甲府を結んでいた甲州街道沿いではなく、無人の原野・武蔵野台地を直線で結んだのが中央線である。

1889年の新宿〜立川間の開業時には、中野と武蔵境（当時は境）、国分寺しか駅がなかったあたり、いかに沿線人口が少なかったのかがよく分かる。他に開けていたのは青梅街道沿いの荻窪と、明暦の大火で門前町が移転した吉祥寺周辺くらい。

そこに中央線開通以降、次々と街が生まれていったのが中央線沿線文化誕生のルーツである。

ちなみに中央線は日本で初めて女性専用車が導入された路線としても知られる。それは1912年のことで、きっかけは学習院に通う女学生の痴漢被害に陸軍大将・乃木希典が激怒したからだったとか。当時、中央線利用者の多くは、新宿駅西口にあった専売局タバコ工場の労働者だったわけで、路線民度の低さはその頃からの伝統というわけだ。

三鷹以西は〝真の中央線〟にあらず？

1923年の関東大震災以降、都心部からの人口移転が進んで中央線沿線は急速に発展し、文豪たちが多く暮らす街として中央線文化の足がかりが作られる。そして、本格的に中央線文化が成立したのは戦後、1970年代。それまで新宿を拠点に学生運動なんかに熱心だった連中が、時代の流れに抗しきれずに都心部から西へ西へと追いやられ、中央線に沿って次の居場所を見つけていった。

人気が高い中央線だが、自殺者にも人気。人身事故で止まる路線ナンバーワン。

たいした覚悟があるわけでもない若い運動家たちのことだから、新しい運動の拠点を作りたかったわけではない。むしろ、学生運動のまるで文化祭のような甘ったるい熱狂から抜け出せなかっただけのこと。

その結果として、サブカル色の強い中央線文化が相成った、というわけだ。東中野～吉祥寺あたりの駅前に今も漂う中央線文化の〝ゆるさ〟はつまるところ文化の担い手たちが求める〝モラトリアム〟。そりゃ居心地がいいわけだ。

そして、その文化の担い手を自称する連中は、あらんことか三鷹より西を見下すのである。

武蔵境や武蔵小金井あたりは言わずもがな、多摩地区の雄たる立川だって、文教都市国立だって、誇りある〝中央線文化〟の担い手から見れば田舎モノ。そして三鷹以西の沿線民もそれを素直に受け入れているからなおのこと質が悪い。

なぜならば、彼らとてかつては中央線文化に浸った青春時代を過ごし、オトナになってもその呪縛から逃れられずに〝とりあえず中央線〟という理由で安月給でもなんとか手の届きそうな三鷹以西に家を構えたというのが本当のところだからだ。それでも帰宅途中に高円寺あたりで一杯やって、中央線文化を気取るのである。

こうしてみれば、三鷹を境に沿線住民意識もくっきり分かれるように見えて、実のところ同じ穴の狢の中央線沿線住民。色分けするとすれば、自ら中央線文化に染まっているか否か程度である。そして、反中央線文化の住民にとって、文化民ほど憎たらしいものはない。それが顕在化したのが杉並三駅問題だ。

杉並三駅問題——それは、高円寺・阿佐ヶ谷・西荻窪の杉並区内三駅を平日の中央線快速が停車する問題。何が問題だって、それでは緩行線とほとんど停車駅が変わらず快速でもなんでもなくなってしまうのだ。

かつて国鉄は杉並三駅を通過させようとしたのだが、杉並区が猛反対して土日のみの通過に留まった。未来永劫停車するという覚書まで交わし、それはJR東日本にも引き継がれているという。と、これを聞けば三鷹以西の沿線住民は憤懣やる方なし……となるかと思えば、多数を占める〝中央線大好きバカ〟が高円寺や阿佐ヶ谷を愛しているがゆえに、それほど不満には感じていないようだ。むしろ、「高円寺に止まってこそ中央線でしょ」くらいのノリ。おかげで快速じゃない中央線快速という状態が永遠と続くことになってしまった。

中央線ラブなバカどもは、やたらと声がでかい。おかげで沿線の大学に通う学生たちもそれに染まり、〝中央線文化〟にどっぷり浸かって温すぎるモラトリアム連中が再生産されている。

そして、そんな彼らをぎっしりと詰め込んで、今日も中央線は走るのである……。

LINE DATA

路線・混雑率	187%
路線・運賃収入	1634億500万円
家賃相場	7.4万円
沿線㊙スポット	歓楽街（新宿）、ピンサロ街（高円寺）、サブカル臭（中野～吉祥寺）ほか

犯罪発生度	★★★★☆
メディア好感度	★★★★☆
勘違い住民度	★★★★☆
住民貧困度	★★☆☆☆
生活不便度	★★★☆☆

JR貨物VSJR東日本！・仁義なき〝元貨物路線〟代理戦争

武蔵野線

正式名称	武蔵野線
営業区間	府中本町～西船橋
開業年	1973年
営業キロ	71.8km
駅数	26駅
あだ名	ギャンブル列車、おけら電車

どうにもならない乗り換えの不便さ

好き好んでこの路線に乗っている人など、きっといないに違いない。

東京都心の郊外をぐるりと環状に走り、いわゆる〝東京メガループ〟の一部を構成する武蔵野線。首都圏の鉄道路線は山手線を中心に放射状に郊外路線が延びているという特徴があるが、それらを郊外で相互に結ぶという役割を持っている。

中央線・西武新宿線・東武東上線・埼京線・京浜東北線・東武伊勢崎線・つくばエクス

プレス・常磐線・総武線が接続している主な路線だ。

もともと接続の悪かったこれらの郊外路線を結んでくれているのだから、とっても便利……と言いたいところだが、実際に利用している人なら御存知の通り。とにかく不便でたまらない路線なのだ。その理由は、駅名からも見えてくる。武蔵野線の駅名には「新」や東西南北を冠した駅名がやたらと多い。つまり、すでにある駅の周囲に新しく〝後づけ〟で武蔵野線の駅が誕生したということだ。

そして、ほとんどの乗換駅では、わざわざ駅の外に出て歩かねばならない。南越谷駅（東武伊勢崎線新越谷駅）や北朝霞駅（東武東上線朝霞台駅）のように、他路線の駅と隣接していても、駅名が異なっていることが多いから厄介なのだ。

駅舎が別々なのはまだ仕方ないにしても、駅名が違うというのはあまりにも不親切。これは「私鉄と同じ駅名にしては国鉄の沽券に関わる」というくだらない役人のプライドがゆえ。１９７３年に当路線が開通した当時は貨物輸送が最大の目的だったので、「旅客駅を設けて人を乗せてやっているだけでも感謝しろ」というスタンスだったのだろう。

微妙に不便なところばかりを走っているのも旅客ではなく貨物輸送を主眼において建設

されたからなのだが、かつて吉川～三郷間には最新鋭のシステムを誇る武蔵野操車場を設けていたこともある。これで国鉄は輸送量が減っていた鉄道貨物復権を目論んだわけだが、残念ながらすでに時代はトラック&コンテナ輸送の時代。そもそも不祥事続きで高慢ちきな国鉄に大事な貨物を託す人は少なく、わずか10年で閉鎖されている。

この〝貨物のため〟に不便な場所に武蔵野線が誕生したことで、結果として沿線がベッドタウンとして開発される礎を築いたという点では評価できないこともない。が、満員電車だらけの首都圏の鉄道にとって〝貨物路線〟として建設された武蔵野線はいわばハグレ者。おかげで車両も他路線のお下がりばかりだし、ダイヤだって今も貨物が優先。さらに、件の通り乗り換えも不便。

にも関わらず、通勤時間帯は上下ともに大混雑というのは摩訶不思議、である。

LINE DATA

路線・混雑率	174%
路線・運賃収入	不明
家賃相場	5.5万円
沿線深スポット	東京競馬場（府中本町）、多摩川競艇（府中本町）、浦和競馬場（南浦和）ほか

犯罪発生度	★★★☆☆
メディア好感度	★☆☆☆☆
勘違い住民度	★★★★☆
住民貧困度	★★☆☆☆
生活不便度	★★★☆☆

京葉線

夢の国と幕張メッセ、対立する異邦人と地元民

正式名称	京葉線
営業区間	東京～蘇我
開業年	1975年
営業キロ	54.3㎞
駅数	18駅
愛称	ディズニーライナー

「東京」と「舞浜」……それ以外の駅って?

京葉線と言ったら、何はなくともディズニーランド、舞浜駅のイメージがあまりにも強い。週末や行楽シーズンともなれば、京葉線の車内は浮かれ気分のミッキー&ミニーで溢れ返り、深くて遠い東京駅京葉線ホームまでの道のりもディズニーランドの一部かのようなムードが漂う。

この悪名高き東京駅の京葉線ホーム、八重洲口付近から徒歩で実に10分近く延々と歩か

されるおかげで、「京葉線＝不便」という印象を産み出している。

京葉線から中央線への乗換ルートの関係から夜の中央線2号車付近はディズニー帰りでごった返すという副産物も。遊び疲れて眠りこけるカップルを、舌打ちしながら見下ろすサラリーマン……という光景はおなじみである。これは中央線車内のお話で、京葉線はますます深刻。同車内では、連日「通勤リーマンVSディズニーファン」という、決着のつかないバトルが繰り広げられているのだ。

さらに京葉線沿線住民を苦しめるのが、風である。海沿いを走る路線だから、風が吹けばすぐ停まる。1本内陸を走るお隣の東西線でさえ、かつて強風に煽られた車両が川に転落しかかった事故があったくらいだから当然の安全対策なのだが、京葉線利用者の不満は募るばかり。そんなところにミッキー&ミニーの大群と遭遇すれば、もうそれは一触即発である。

京葉線利用者の悲願は、新木場駅で接続しているりんかい線への直通。深くて遠い東京駅はあえて避け、新木場からりんかい線や地下鉄有楽町線に乗り換える利用者は多い。これこそが京葉線の〝ツウ〟の使い方と言えるだろう。だからこそ、りんかい線との直通運転が実現すれば京葉線＝不便という印象は一気に覆されるはずだ。構造上は極めて簡単にできる直通化。これを実現しないのは事業者の怠慢にほかならない。

ちなみに、ディズニーばかりにスポットが集まりがちだが、海浜幕張駅は幕張新都心の玄関口。幕張メッセやZOZOマリンスタジアムも当駅が最寄りだ。

ただし、駅からメッセやスタジアムまでは意外と距離があり、駅前も新都心らしい賑わいとは言い難い。

逆に、都心寄りの越中島駅や潮見駅が「陸の孤島」の様相。最近では高層マンションもどんどん建設されているけれど、日中には駅周辺に人の気配がほとんどないという、底知れぬ恐ろしさを持つ街である。そもそも沿線の大半が京葉線開通以降発展した街。無味乾燥なニュータウンと副都心が連なる中で、ディズニーランドの舞浜駅の活況は一服の清涼剤のような存在なのだ。

LINE DATA

路線・混雑率	173%
路線・運賃収入	351億7900万円
家賃相場	7.6万円
沿線㊙スポット	公営ギャンブル施設（西船橋）、風俗街（西船橋）、TDL（舞浜）ほか

犯罪発生度	★★☆☆☆
メディア好感度	★★★★☆
勘違い住民度	★★★★☆
住民貧困度	★★☆☆☆
生活不便度	★★★☆☆

激しい混雑と首都圏の最果て、
風俗嬢の縮図がわかる――

総武線

正式名称	総武線
営業区間	千葉～三鷹
開業年	1889年
営業キロ	60.2km
駅数	39駅
愛称	黄色い電車

鉄道トリビア――総武線はＪＲじゃない!?

東京から一路、東に伸びて千葉を目指す総武線。錦糸町に新小岩、西船橋となかなかディープな街が沿線に続き、かつ東京都心や中央線沿線の住民からは明らかに見下され、とは言え、そこに反駁することもできずにいる。総武線沿線のライバルは松戸や柏などを抱える常磐線……と言ったあたりが漠然としたイメージだろう。

最初に少し正確な情報をお伝えしておくと、本来の総武本線は東京～銚子間を結んでいる路線。いわゆる〝総武快速線〟が該当する。そして一方の〝黄色い電車〟は総武緩行線という運転系統で、御茶ノ水〜錦糸町間の支線を経由して中央線方面に直通している。一般的に〝総武線〟とだけ呼ぶ場合はこちらの緩行線を指すことが多い。ここでは総武快速線、総武線と言い分けることとさせていただこう。

で、そんな総武線は、もともと総武鉄道という私鉄の路線として誕生した。下総国と武蔵国を結ぶからこの名になったのだが、かつて下総と武蔵を隔てていたのは隅田川。その東側にある両国駅は開業以来総武線のターミナルとして君臨していた（両国の駅名も下総・武蔵両国を結ぶ両国橋があったから）。今では東京駅発着（京葉線経由）での運転になっている房総半島方面特急も1972年に総武本線東京〜錦糸町間が開通するまでは両国駅を発着。そんなターミナルの名残が、普段は使われていない臨時ホームに残っているというちょっとした鉄道トリビアもある。

そんなわけで、都心部での総武線の象徴的存在である秋葉原駅は、後から生まれた支線の駅なのだ。秋葉原駅は1925年に東北本線の駅として旅客営業を開始していたが、1932年になってから南北に走る東北本線の線路をまたぐように総武線の駅が誕生した。

これで秋葉原駅がターミナルとしての歩みを始めたわけで、今のアキバの繁栄は総武線あってこそ、なのである。

錦糸町駅あたりは東京東部で最も闇の深い街のひとつ。駅前にそびえる商業施設「楽天地」の何とも言えない場末感は錦糸町を象徴するダークサイドだが、実は阪急阪神東宝グループに属するれっきとした大企業。むしろ闇が深いのは、南口のマルイの裏側だ。

ここは知る人ぞ知る、風俗店やキャバクラが林立する歓楽街。錦糸町のディープなイメージは、この歓楽街と時代から取り残されたムードを持っていた楽天地で作り出されたいってもいいだろう。

最近ではスカイツリーへの玄関口のひとつとしてイメージ刷新に躍起だが、それは北口の話で、南口との〝格差〟拡大はますますマルイ裏を暗黒面に落としている。

錦糸町、新小岩、西船橋……都落ち風俗嬢の終着駅は？

さらに、新小岩駅は〝人身事故のメッカ〟。総武快速線、特に成田空港行きの特急「成

総武線沿線にはディープな歓楽街が多数あり、ついハマってしまう人も多い。

田エクスプレス」が高速で駆け抜けるため、ひと思いに飛び込んで死ぬにはピッタリの駅である。飛び込んだ自殺者の肉片がホームに立っている人にぶつかったという恐ろしい事件もあったくらいだから、できれば新小岩駅には降り立たないほうがいいかもしれない（今では特急通過時にロープが張られるようになった）。

そして、この新小岩も錦糸町に負けない暗黒タウン。風俗店こそ錦糸町よりは少ないが、安キャバクラや熟女売春はむしろ新小岩が本場といえる。

荒川よりも東に位置する新小岩のキャバクラに勤めるオンナのレベルなどたかが知

れている……と言いたいところだが、ほどよい場末感がさながらガールズバーのようで、意外と付き合いやすい、というファンもいたりするのだ。

そして、小岩駅を出て、江戸川を渡って魔境・千葉県へと向かう。駅周辺にはいわゆる〝古くからの駅前商店街〟が広がり、意外と個人店も少なくないため「過ごしやすい街」として取り上げられることもある。

しかし、これはただ総武線の歴史が古いがゆえのこと。ただ、おかげで比較的古くからの住民が多いため、新参者が我が物顔で立ち飲み屋で呑もうものなら古参住民の屈折した〝千葉プライド〟に叩きのめされることになるだろう。

西船橋駅は、中山競馬場から続く〝おけら街道〟の終着地。東西線や京葉線、武蔵野線との乗換駅でもあるからけっこう利用者が多く、場末の駅にもかかわらずエキナカ商業施設も充実しているという摩訶不思議なアドベンチャーワールドだ。競馬開催日には、身なりの悪い浮浪者まがいも見かけることがあるが、夕方の彼らはすでにすべてを失っているから人畜無害なのでご安心を。

船橋や津田沼まではまだギリギリ〝都会のムード〟が漂うが、そこから先は完全に「千葉」である。海側に並行する京葉線がニュータウンや幕張副都心を沿線に抱えるのに対して、こちらは歴史で勝るがゆえに、かえって街の凋落と衰退が目立つ。

そんな中、幕張駅周辺の住民が「幕張っていうと、みんな海の方をイメージするけど、本来はこっちだからね」などとうそぶいているのを聞いたときには心底ゾッとした。

こうして、新旧住民間の対立が生まれるのだ。

総武緩行線終点の千葉駅は言わずもがな。千葉県の県庁所在地がある街のターミナルだが、駅の西側に広がる栄町は千葉最大のソープ街がある。

錦糸町・新小岩・船橋と都落ちを続けてきた齢40のオバサンソープ街は、総武線の哀しき実態を示している……。

LINE DATA

路線・混雑率	198%
路線・運賃収入	1129億2900万円
家賃相場	6.6万円
沿線深スポット	歓楽街・風俗街（錦糸町、新小岩、西船橋、千葉）ほか

犯罪発生度	★★★☆☆
メディア好感度	★★★☆☆
勘違い住民度	★★★★☆
住民貧困度	★★★☆☆
生活不便度	★★☆☆☆

埼京線

近年、快適になった〝痴漢路線〟は保守・革新が争う魑魅魍魎路線

正式名称	山手線、赤羽線、東北本線支線
営業区間	大崎〜大宮
開業年	1985年
営業キロ	36.9㎞
駅　数	19駅
愛　称	埼京線

埼京線は〝山手線のルーツ区間〟と〝ゴネ得区間〟の合わせ技

実は「埼京線」というのは、正式な路線名ではなかったりする。大崎〜池袋間は山手貨物線、池袋〜赤羽間は赤羽線、赤羽〜大宮間は東北本線の別線（通勤新線）を通っており、この運転系統を「埼京線」と呼んでいる。

と、まあこのあたりは鉄道豆知識の域を出ないのだが、大崎〜池袋間を山手線に含めてしまうと、赤羽までの区間は1885年に開通したいわゆる〝山手線のルーツ〟。この時

点で東京駅はまだ開業しておらず、上野と新橋の間で線路は分断されていた。だから、高崎線を赤羽駅で接続させて直接品川、そして横浜方面まで連絡するために、わざわざ品川～赤羽間に路線を建設したのだ。というわけで、特に池袋～赤羽間の沿線で暮らす住民の底流には、「我こそが山手線の保守本流である」というプライドがある。

そして一方の赤羽～大宮間。こちらの歴史は新しく、1985年の開通である。これを持って赤羽線経由のいわゆる〝埼京線〟が完成したのだが、問題なのはその経緯。東北・上越新幹線の建設に対して激しい反対運動を繰り広げた沿線住民に、その〝見返り〟として建設したのがこの区間なのだ。

平たく言えば、「新幹線反対とゴチャゴチャうるさいから、新しい在来線も一緒に作って黙らせろ」というわけだ。いわばゴネ得。数年前、某大臣が「最後は金目でしょ」と発言して物議を醸したことがあったが、埼京線の開通はまさにそれである。

つまり、埼京線は誇り高き山手線のルーツ区間と新幹線反対運動のゴネ得区間の合わせ技、というわけだ。山手線ルーツ区間は旧中山道の板橋宿と交差していることもあって、古くから市街地が開けていた。対するゴネ得区間は埼京線開通以降に宅地化が急進した新開地である。そんなわけで、混雑率180％を超える首都圏屈指の混雑路線・埼京線の車内では、保守と革新がぶつかり合う魑魅魍魎の戦いが繰り広げられているのだ。

それでも、開通当初はまだマシだった。大宮方面から新宿方面へ通勤するなら埼京線しかなかったからだ。だが、2001年に湘南新宿ラインが開通すると、大宮～池袋・新宿間を利用する人はそちらへ流れ、埼京線にはゴネ得区間沿線の住民ばかりが集中するようになった。華々しい湘南新宿ラインに乗りたくても乗れず、鬱屈した思いを抱えるゴネ得住民。最近の埼京線は〝痴漢多発路線〟としても有名だが、この歪んだ路線の成り立ちが利用者をも歪ませていることが背景にあるのは間違いないだろう。

「新宿に一本で行けるから」などという浅薄な理由で埼京線に乗れば、あなたも悲惨な車内バトルに巻き込まれて苦い思いをするだけである。

LINE DATA

路線・混雑率	180%
路線・運賃収入	144億700万円
家賃相場	6.3万円
沿線深スポット	痴漢（車内）、風俗街（渋谷、新宿、池袋）、公営ギャンブル（戸田公園、大宮）ほか

犯罪発生度	★★★★⯪
メディア好感度	★☆☆☆☆
勘違い住民度	★★☆☆☆
住民貧困度	★★☆☆☆
生活不便度	★★☆☆☆

常磐線

〝チバラキ民〟上京により車両が占拠されるDQN路線

正式名称	常磐線
営業区間	日暮里〜岩沼
開業年	1889年
営業キロ	343.7㎞
駅　数	79駅

「ヨコハマがチバラキのDQNに侵食されてたまるか」？

車内で酒盛り、床に座り込むDQN高校生、車内を漂うにおい……。常磐線のイメージは、ハッキリ言ってロクでもない。毎日通勤や通学で使っている人には申し訳ないけれど、常磐線にいいイメージを抱いている人はまずいないのではないか。

茨城（チバラキ）のイメージが悪いから常磐線のイメージが悪いのか、それともその逆なのか？

卵と鶏論争みたいな話だが、いずれにしても常磐線とその利用者に対するイメージが著しく悪いのは事実である。

2015年に上野東京ラインが開通し、常磐線も高崎線・宇都宮線とともに上野以南、東京・品川・横浜方面に直通するようになった。けれど、常磐線だけは品川止まり。おかげで神奈川県民が「おしゃれタウンのヨコハマがチバラキのDQNに侵食されてたまるか」とばかりに常磐線乗り入れを拒否したのではないか、との噂が立った。

まあ、実際はいくらなんでもそんな理由ではないはずだが、常磐線の品川止まりで、ヨコハマ民がホッと胸をなでおろしたのは事実だろう。

このように、かくも悪いイメージが先行している常磐線だが、果たして実際はどうなのか。上野から常磐線に乗って北上すると、最初の関門は北千住駅である。かつては日光街道の宿場町として栄え、今では東武伊勢崎線とも接続する一大ターミナルだ。

だが、所詮は足立区の繁華街。どんなにイキがっても区外に進出する勇気を持たない足立区のマイルドヤンキーたちが吸い寄せられる繁華街なのだ。一昔前と比べれば荒んだ雰囲気は和らいだものの、北関東ムードがむんむん漂う場末の駅である。

〝北関東一のソープ街〟から北は別世界

そして次なる関所は松戸駅。チバラキを代表する侠気を放つターミナルで、常磐線の車内からも見える角海老のネオンサインに心はやさぐれるばかり。次いで柏はチバラキ民いわく「東の渋谷」なのだとか。まあ、確かに松戸よりは場末感も抑えめで、いくぶん落ち着いた雰囲気が漂っている。柏以東に暮らすチバラキ民にとっては、ホンモノの渋谷まで遠征するのはなかなかの難事業。かと言って松戸や北千住は危なすぎる街。というわけで、そこそこまとまっている柏が渋谷化するというのもなんとなく分かる気がする。

そこから先は、利根川を超えた取手、霞ヶ浦の端に位置する土浦の名を出すだけでもご理解いただけるだろう。東京都心で暮らしている身からすれば、何があっても土浦のソープなんて行きたくないし、ソープ嬢だって土浦まで都落ちするくらいなら千葉の栄町あたりで踏ん張りたいはずだ。

だが、それでも土浦には北関東一のソープ街があるというから、常磐線沿線住民にとっては憩いの場なのだろう。そこからして、常磐線が魔窟であることの証左なのである。

この土浦が〝チバラキ〟の限界地。土浦よりも先の常磐線沿線は完全な茨城であり、北関東であり、ただの田舎町だ。なので特にコメントするに値しないのだが、最近では特急「ひたち」「ときわ」の運転本数充実もあって、首都圏への通勤圏内に含まれているという。内原駅近くのイオンは水戸市民の誇りだったりするし、日立製作所の企業城下町であるひたちなかや日立も常磐線沿線。さらに臨界事故を起こしたことでおなじみの東海村や、いわずもがなの福島第一原発も常磐線沿線。せっかく松戸や土浦、そして水戸を乗り越えていっても原発事故で今も分断された魔境に行くだけだから、常磐線の旅もあまり楽しいものではないだろう。観光地と言ってもせいぜい水戸偕楽園やいわきのスパリゾートハワイアンズくらいで、さして魅力的とは言い難い。

日本の鉄道史に残る大事故・大事件が頻発する！

一体なぜ、常磐線はここまで負のイメージばかりを背負っているのか？　それは他路線もそうであるように、歴史に答えがある。そもそも常磐線の建設は常磐炭田の石炭を運ぶ

負のイメージばかりが先行してしまい、イマイチ人気が上がらない常磐線。

ため。常磐炭田の石炭は九州や北海道の炭鉱と比べると炭質が悪かったが、首都圏に近いということで重宝されたという。つまり、常磐線は底質の石炭とそれを掘る労働者を延々と運び続ける歴史を持っていた、というわけだ。そこに上品さや都会的な雰囲気などがあるわけがない。

すでに常磐炭田は閉鎖されて華やかなスパリゾート・ハワイアンズに生まれ変わっているが、少なくともそんな歴史が常磐線の持つ最悪のイメージのルーツであることは確かだろう。

さらに1943年には土浦駅で110名が死亡する衝突事故が、1962年には三河島駅で160名が死亡する多重衝突事故が起きている。時の国鉄総裁・下山定則が轢死体となって発見された下山事件の舞台も常磐線である。質の悪い石炭と炭鉱労働者をせっせと運び、たびたび大事故を起こしてきたという常磐線ヒストリー。こうした観点からも、常磐線には負の怨念が渦巻いていると言えるだろう。

そんな路線が今もってDQN路線の筆頭格にあげられるのは、しごく当然のことであろう。

最後に少しだけフォローしておくと、こんなDQN路線常磐線にも輝ける黄金時代があった。新幹線や航空網が整っていない時代、東北方面への特急列車の多くが常磐線を走っていた。鉄道史に燦然と輝く「はつかり」「ゆうづる」も常磐線経由だった。これは東北本線と比べて平坦でカーブも少ないという理由からだ。

ただし、これは仙台以北の東北地方が主たる目的地だったわけで、常磐線のイメージアップには決してつながらないのだが。

LINE DATA

路線・混雑率	160%
路線・運賃収入	959億8300万円
家賃相場	6.8万円
沿線㊙スポット	ソープ街（土浦）、水戸刑務所（勝田）、福島第一原発ほか

犯罪発生度	★★★☆☆
メディア好感度	★★☆☆☆
勘違い住民度	★★☆☆☆
住民貧困度	★★☆☆☆
生活不便度	★★☆☆☆

なぜか終日混雑し続ける発展中の路線
300%超の乗車率を誇った時代も！

南武線

正式名称	南武線
営業区間	川崎〜立川
開業年	1927年
営業キロ	35.5㎞
駅　数	26駅（支線は除く）
愛　称	ハイテクライン

「南武線沿線に住んでいるなんて、大変でしょ？」

南武線が結ぶ川崎と立川という二つの街のイメージは似通っている。東京都心から微妙に外れつつも衛星都市としてそれなりの規模を持ち、大型商業施設から歓楽街までなんでも揃い、さらに漂う絶妙な頃合いのＤＱＮの香り……である。現実はさておき今も暴走族が活躍していそうな街で、東京都心から最も近いのが川崎と立川だろう。

その両タウンを結びつつ、さらに沿線には競輪場や競馬場などギャンブル場が林立。東京から見るとほぼ大半の区間が多摩川の向かい側、つまり〝川向う〟を走っているあたりも南武線の負のイメージを強くさせている。

ただ、そうは言っても利便性は抜群だ。川崎駅で接続する東海道線や京急本線はさておいても、湘南新宿ラインや東急東横線と接続する武蔵小杉、田園都市線と接続する武蔵溝ノ口、小田急線と接続する登戸駅、少し歩くけれど京王相模原線と乗換が可能な稲田堤駅と、東京から神奈川方面に向かう郊外路線のほぼ全てと南武線はつながっている。神奈川県内ではほとんど川崎市内を走るが、それでも内陸側で川崎のDQNの巣窟とは無縁で、沿線環境もあながち悪くない。先にも述べた通り、常磐線はイメージ通りのDQN路線だが、南武線は負のイメージが先行しているだけで、実際は意外とマトモな路線なのである。とは言え、ならば南武線の沿線に住もうと思ってはいけない。懸念すべきは190%近いその混雑度合である。

そもそも南武線は、多摩川の砂利や奥多摩で取れた石灰石を運ぶために南武鉄道によって建設された路線で、1927年に川崎〜登戸間で開通した（1929年に全通）。それが1944年に戦時買収で国有化。その頃の南武線はなんと300%もの混雑ぶりだったという。理由は、沿線に工場が林立していたから。今でもNECや富士通、東芝、キヤノンなど日本を代表する工場が連なり、そのおかげで朝のラッシュ時は上りも下りも激しく混んでいる。

南武線沿線に家を構えたら〝座って通勤〟はまず不可能。東急や小田急に乗り換えて都心に向かおうものなら、一層の大混雑に巻き込まれることになる。その上「南武線沿線に住んでいる」などと知れ渡れば、既述の通りDQN路線のイメージから、「ああ、大変でしょ？」などと思われてしまう。年頃の娘がいようものなら、「10代で川崎のヤンキーとデキ婚&離婚、新しい彼氏が子供を虐待して……」と泣かれるのがオチかもしれない。

情報産業の工場が多いことをもって、川崎市は「ハイテクライン」なる愛称をゴリ押ししようとしているが、現実はそんなもの。愛する我が子を嫁に出したければ、南武線沿線だけは避けるべきなのだ。

LINE DATA

路線・混雑率	188%
路線・運賃収入	不明
家賃相場	6.1万円
沿線㊙スポット	公営ギャンブル（府中本町、南多摩）、京浜工業地帯（川崎周辺）、風俗街（川崎）ほか

犯罪発生度	★★★★☆
メディア好感度	★★☆☆☆
勘違い住民度	★★★★☆
住民貧困度	★★★★☆
生活不便度	★★★★☆

埼玉VS神奈川の戦いはここから始まった！

京浜東北・根岸線

正式名称	京浜東北線
営業区間	大宮〜横浜
開業年	1914年
営業キロ	59.1㎞
駅数	35駅
愛称	京浜電車

埼玉区間＝スカイブルーの車内に赤い悪魔が押し寄せる

その名の通り、東京駅を境に〝東北本線〟方面の大宮までと、〝京浜地域〟を走る横浜までを結ぶ京浜東北線。品川〜田端間の山手線並行区間は言わずもがなだが、実に変化に富んだ沿線風景を持つ路線である。

北側は浦和レッズという凶悪な赤備えが集う浦和（北浦和）駅、今やその命脈も尽きつつあるＮＫ流本拠地の西川口駅が圧倒的な〝ダサイタマ〟らしさをかもしだす。荒川を渡って東京都内に入ると、北区民が世界に誇る赤羽駅がある。古くは日光御成街道の宿場町として栄え、今ではなぜか〝飲ん兵衛の街〟としても注目を集めているターミナルである。とは言っても、どうにも東京都内に含むには気が引ける。

さらに進むと、これまた北区のターミナル王子駅だが、もはやコメント不能のザ・北区。東京都内に暮らしていても、赤羽と王子の区別がつかない人も多いだろう。そして区別する必要もない。

山手線並走区間は大都会・東京の寛容さの表れ

東京都内の京浜東北線は、ほぼ一貫して武蔵野台地の東の縁を駆け抜ける（台地の下側）。田端駅からは山手線と並行し、日中には一部の駅を通過する快速運転を行っている。停車駅は田端・上野・秋葉原・神田・東京・浜松町・田町・品川（土休日には御徒町停車）。

実は2015年3月のダイヤ改正まで、神田と御徒町は全日通過していた。おかげで今の快速は停車駅が増えたことで不評を買っている。

だが、そんな山手線並行区間は、京浜東北線全体に対し、実に重要な役割を担っている。なぜならば、赤備えもＮＫ流も、なぜか〝個性的な街〟を気取りだした北区民も、この田端～品川間のどこかで降りるからである。

もしも北側の住民が品川以南に進出したら、いつ神奈川VS埼玉の戦いが始まってもおかしくない、山手線はバルカン半島さながらの火薬庫路線になってしまう。その悲劇を押しとどめ、緩衝材的な役割を果たしているのが大都会・東京の寛容さなのである。

そして品川以南。大井町・大森あたりは、なぜだかハイソなイメージもあるが、れっきとしたド下町である。蒲田駅は北側の赤羽駅と対をなすディープな街。赤羽の飲み屋で出会えるのはせいぜい林家ペー・パー子夫妻だが、蒲田駅は羽田空港に近いこともあって見目麗しきＣＡさんの姿を見かけることも。ピンクお化けとスッチーならば、誰もが後者に軍配を上げる（残念ながら風俗のレベルはどっちも東京23区内最低ランクですが）。

多摩川を渡ると、いよいよ神奈川県に突入。最初の関門たる川崎駅は、良識ある読者諸兄は決して降りてはならない魔窟タウンだ。駅の西側に鎮座する商業施設ラゾーナ川崎のおかげでだいぶ負のイメージは払拭されているが、駅東側の歓楽街を歩いてゆくと、徐々

ラブホテル街やソープ街を保有する街を通過する誘惑の多い京浜東北線。

にキャバクラ、テレクラ、（エロい方の）エステ、正真正銘の風俗店……とエロ度が上がり、しまいには堀ノ内のソープ街にたどり着くという有様である。

イカツいオーラのお兄さんたちが闊歩している姿を見かければ、「もう東京ではないんだな」と実感するに違いない。そう言えば、川崎時代のロッテオリオンズに在籍していた落合博満が懇意にしていたのも堀ノ内のソープランドである。

川崎駅を出ても、まだまだ安心はできない。鶴見駅なんて典型的な〝ミニ川崎〟。ソープ街も駅近くに広がっているが、〝駅チカ〟という点で堀ノ内に勝るためか、最近ではこちらの方がレベルが高いという噂も聞こえてくる。だが、いずれも工場労働者の街の風俗なので、内容は推して知るべしだ。

車窓から見える景色は雲泥……全線およそ約2時間の旅

かくして終点の横浜。ここまでやってきて、ようやくひと心地つく。直通先の根岸線には、ランドマークタワーが眼前に控える桜木町駅がある。

1874年に日本の鉄道が初めて開業した際に設けられた横浜駅は、現在の桜木町駅の位置にあった。駅舎正面の庇のデザインは、開業時の横浜駅のものを踏襲しており、鉄道発祥の地としての誇りが漂う駅である。ちなみに「桜木町行き」の列車も意外と多いので、利用に際しては要注意。

伊勢佐木町や横浜スタジアムの玄関口・関内駅や中華街の控える石川町駅を経て、海側の横浜の新興住宅地を縫うように走る。そして大船駅で東海道線と接続すれば、大宮からの長い長い京浜東北線の旅も終いである。

こうして、良くも悪くも起伏に富んだ沿線風景の京浜東北・根岸線。だから全線通して乗りっぱなしで駅ごとの客層や車窓の変化を眺めているだけでも意外と面白い。

路線としては東海道本線・東北本線の〝電車線〟で、1914年に京浜線として運転を開始したのに始まる。東京駅開業と同時であり、華々しくデビューしたと思いきや、いきなり車両トラブルを起こして来賓を乗せた列車が立ち往生するというものだった。1951年には桜木町駅構内で満員の乗客ごと車両が丸焼きになるという大事故も起こしている。

最近も、回送電車の脱線事故（2014年）が起きたり、2008、2015年と立て続けに架線断線停電長時間停車乗客すし詰めトラブルを起こすなど、何かとツキのない京浜東北線。それもこれも〝京浜東北線らしさ〟がない、人種のるつぼのような路線だからこそ、なのかもしれない。

LINE DATA

路線・混雑率	182%
路線・運賃収入	不明
家賃相場	6.7万円
沿線㊙スポット	ラブホテル街（鶯谷）、オタク街（秋葉原）、ギャンブル街（浦和競馬、川崎競馬）ほか

犯罪発生度	★★★★☆
メディア好感度	★★★☆☆
勘違い住民度	★★★☆☆
住民貧困度	★★☆☆☆
生活不便度	★☆☆☆☆

夢はリニアとの接続？
〝エセ横浜〟エリアを走ります

横浜線

正式名称	横浜線
営業区間	東神奈川〜八王子
開業年	1908年
営業キロ	42.6㎞
駅数	20駅
命名	町田線

横浜駅には止まらない……いっそ改名をオススメします

「横浜」という土地のイメージは、なぜだかすこぶるよろしい。実際にはドヤ街もあるし、横浜駅近くの大岡川沿いなんて汚らしいにも程があるのだが、それでもみなとみらい地区をはじめ、上品でオシャレなエリアが多いことも事実だ。

ならば、そんな街の名前を冠する横浜線もお上品な紳士淑女が乗っている……などと思ったら大間違いである。

まずは地図を見てほしい。横浜線の通るルートは、並行している南武線と比べても遥かに南西で、横浜市内とは言っても〝エセ横浜〟として知られる港北ニュータウンすら離れて遠い。東急田園都市線と接続する駅は長津田駅。東京都心に暮らす人からすれば、長津田なんて遥か地の果てである。

さらに、「横浜線」という路線名を持ちながら、横浜駅には行かない。京浜東北線・根岸線に直通して横浜駅を通る列車も半数ほどあるが、残る半分は東神奈川というビミョーな駅止まり。おかげで、新幹線で横浜を目指すとなると、新横浜駅で横浜線に乗り換え、さらに東神奈川駅で京浜東北線に乗り換えるという悲惨な目に遭うことになるのだ（地下鉄を使えば1本ですがね）。そんなわけで、横浜線の〝横浜〟はまさしく名ばかりなのである。

では、横浜線の本質は何か。答えはひとつ、町田である。町田駅の乗車人員は11万2447人（2016年度）で、横浜線の駅の中では両端の東神奈川・八王子をも上回る圧倒的な1位。小田急線との乗換駅でもあるから、この乗車人員の大半が横浜線沿線の自宅から東京方面への通勤で町田駅を使っているということなのだろう。町田駅はマルイから西友、東急ハンズまでなんでもある、それなりのターミナル。通行量も多く、なかなかの賑わいを見せている。だが、それとて見せかけの姿。ヨドバシカメラのある南口周辺は夜にはＤＱＮがたむろする危険地帯と化し、つい最近までは「田んぼ」と呼ばれるちょんの間もあった。

というわけで、常日頃横浜線に乗っているのは、町田生まれ町田育ちのＤＱＮばかりというわけだ。さらにその妖しさに拍車をかけるのが、町田〜八王子間、つまりは相模原市。ここは町田のような都会の臭いも多少は残るＤＱＮとは違い、本格的な田舎のヤンキーの巣窟。そんな彼らが集うのが横浜線であり、その中心が町田駅なのだ。それでも、横浜という名を冠する限り、横浜線のイメージはなぜか悪くならない。南武線のほうが実際はまだましなのに、世間のイメージは「横浜線＞南武線」である。なぜ「町田線」に改名してあげないのか、理解に苦しむところだ。

LINE DATA

路線・混雑率	169%
路線・運賃収入	不明
家賃相場	5.7万円
沿線㊙スポット	相模総合補給廠（相模原）、ららぽーと横浜（鴨居）ほか

犯罪発生度	★★☆☆☆
メディア好感度	★☆☆☆☆
勘違い住民度	★★☆☆☆
住民貧困度	★★☆☆☆
生活不便度	★★☆☆☆

山手線

都心部の「勝ち組」、郊外の「負け組」を決定付けた都会の象徴

正式名称	山手線
営業区間	環状線
開業年	1925年
営業キロ	34.5㎞
駅数	29駅
愛称	まあるい緑の山手線

そもそも環状運転ではなかった山手線ヒストリー

山手線は、結界である。東京の都心部をぐるりと廻る環状運転で、郊外から都心進出を目論む人々をシャットアウト。街並みそのものも山手線の内と外では一変するし、そもそも大江戸八百八町と呼ばれていた時代から、江戸の西の端は山手線とおおむね一致する。とにもかくにも、正真正銘の〝東京〟か否かを区分する結界が、山手線なのである。

しかし、山手線がどのようにして生まれ、なぜ東京の結界を成すに至ったか。

実は、路線名称としての山手線は環状運転ではなく、品川～新宿～田端間だけ。それに東海道本線・東北本線の区間である品川～田端間が加わって環状になったのだ。環状運転を開始したのは、1925年とだいぶ遅い。山手線のルーツになる日本鉄道品川～赤羽間が開通したのは1885年だから、それから遅れること実に40年。明治・大正時代には山手線などというものは存在しなかったのである。

環状運転開始までの経緯をざっと振り返ると、このようになる。まず、件の通り1885年に品川～赤羽間が開通。山手線が江戸の西端を通っているとは言ったものの、当時の山手線沿線は今のような街など見るべくもなく、武蔵野台地上の原野を走る路線だったという。

渋谷駅なんて、開業初日の利用者がひとりもいなかったとか。新宿駅も東側には内藤新宿の宿場町があったにせよ、ただの田舎町。新宿駅開業とともに寂しい駅前に店を構えたタカノフルーツパーラーは、まさしく慧眼である。そして池袋に至っては、その当時に駅すら設けられていなかったのである。

山手線の開通は、そんな東京西部の原野を開拓する第一歩となったのである。

世田谷方面の高級住宅地は「田舎者の強がり」

だが、当時の山手線は池袋～田端間が未開通。1903年にこの区間が開通したのだが、もともとは目白駅あたりで分岐する予定だったという。けれど地形上の制約が大きく断念されて、池袋に新駅が設けられて分岐点となった。このとき予定通り強引に目白駅が分岐点だったら、今の池袋の繁栄はなかったわけだ。

こうして新橋～品川～新宿～池袋～田端～上野までがつながった山手線。しかし、まだ環状運転には程遠い。上野～新橋間の空白地帯、これが問題だった。なにしろこの地域は無人の原野だった西側とは異なり、江戸時代から続く人口密集地。西端は山手線と一致する江戸の街も、東端は隅田川より遥か先であり、山手線が通っているあたりはまさしく江戸の中心市街地だった。鉄道開通以降生まれた街ならば、線路に並行して道路が敷かれているのが一般的だが、例えば神田駅周辺では国道17号をはじめとする道路が斜めに交差する。そのあたりも、いかに鉄道が〝後づけ〟だったかの証なのだ。

そんな市街地部分では、南側から路線が延びた。1914年に東京駅が開業。1919

年からは中央線と接続して〝の〟の字運転も行われている。そして1925年、最後に残された神田〜上野間の線路がつながって、今の環状運転に至ったのである。市街地を貫通した裏技は「高架橋」。レンガ造りの高架が市街地を縫うように走り、今に至る〝ガード下〟文化を産み出したのも山手線なのだ。

こうして生まれた、東京の外縁部を一周する山手線。結果として、良くも悪くも東京の内外を隔てる結界となり、山手線は東京にとっては外敵たる田舎者の進入を妨げる万里の長城と化した。家賃相場が山手線の内外で決定的なまでに異なるのはまさにそれ。下町に対するハイソで上品、高級感のある〝山手〟たる言葉の通り、いくらかの例外があるにせよ、山手線の内側に家を構えることができる人たちは、完全なる勝ち組に限られるのである。世田谷方面の高級住宅地なんて、山手線内の勝ち組からしたら田舎者の強がりに過ぎない。それだけ山手線の内と外には、あまりにも深く埋められない溝があるのだ。

「新宿」「渋谷」「池袋」は山手線開通の産物

東京に住むなら、山手線のサークル圏内に住んでこその東京都民。

とは言え、東京の外周を通るという山手線の性質上、沿線風景もまた様々だ。東側の三巨頭といえば、「上野」「東京」「品川」。下町の玄関口たる上野駅、東京の顔たる重厚感あふれる東京駅、中央リニア新幹線の始発駅で新鮮さと港湾都市ならではの荒々しさが絶妙に混じり合う品川駅。この三大ターミナルを取り囲むように御徒町・秋葉原・新橋などの〝雑〟な街が続いている。

対する西側のターミナルは「新宿」「渋谷」「池袋」。〝副都心〟の名を持つ新宿駅は言わずと知れた日本一の利用者を誇る大ターミナルだし、渋谷駅は東京の文化発信地。埼玉県民の植民地とも揶揄される池袋も、郊外からの放射路線が攻め込んでくる山手線らしいターミナルと言うべきか。

東側と比べると西側三大ターミナルはいずれも駅周辺にオフィス街から商業施設、風俗店の連なる歓楽街までが集約されているのが大きな特徴。これは、無人の原野に山手線と駅が生まれて発展が始まったから。山手線とともにゼロから育った街なので、もともとの〝街の個性〟がなく、それが大繁華街たるために必要な全要素が詰まった魑魅魍魎の今につながった。対して人口密集地に後づけで山手線が通った東側は発展の余地が少なく、古い時代の街の個性が今も引き継がれているというわけだ。

こうしたあたりからも、いかに山手線が東京を象徴する路線なのかがよく分かる。近代東京の発展とともに、江戸の街の枠組みを活かしながらも新たな〝東京〟を作り出してきた山手線。その一周60分には、悲喜こもごもの歴史が詰まっているのである。

LINE DATA

路線・混雑率	165%
路線・運賃収入	2253億7700万円
家賃相場	10.0万円
沿線㊙スポット	風俗街（池袋、新宿、渋谷、巣鴨）、ラブホテル街（鶯谷、五反田など各所）ほか

犯罪発生度	★★★★☆
メディア好感度	★★★★☆
勘違い住民度	★★★☆☆
住民貧困度	★☆☆☆☆
生活不便度	★☆☆☆☆

【第二章】知りたくなかった？　首都圏の路線沿線の真実

私鉄編

京王線

甲州街道沿いを走る〝保守派〟だらけの遅延路線

正式名称	京王線
営業区間	新宿～京王八王子
開業年	1913年
営業キロ	37.9㎞
駅数	32駅
愛称	ケチ王

頼りにするのは神社仏閣　先見の明はない

私鉄路線の多くは、事業者が沿線開発も手がけることもあって〝沿線カラー〟が鮮明である。それが沿線文化にもなれば、逆に怪しげな路線イメージを醸成することになったりもするのだが、ともあれ私鉄沿線にはそれぞれの路線ごとに独特な雰囲気があるものだ。

しかし、この京王線にはそれがない。全くないわけではないだろうが、パッとイメージできるカラーがないのである。

それは、京王線が走る場所の特殊性によるものだろう。京王線が結んでいるのは新宿〜京王八王子間。ほぼ同じ区間をＪＲ中央線も結んでいるが、一直線の中央線に対して京王線は甲州街道に沿って走る。武蔵国国府が置かれていた府中しかりだ。

甲州街道沿いには多くの宿場町があり、鉄道開通前の〝繁栄度〟でいえば、中央線よりも京王線のほうが圧倒的に勝っていた。調布の深大寺や府中の大國魂神社、日野の高幡不動尊など寺社仏閣も多く、これらへの参詣客は今も昔も甲州街道・京王線の主要利用者層をなしている。

と、これだけ歴史ある地域を京王線は走っているのだ。

となると、中央線のように開通後にサブカルタウンを気取る街が生まれたり、鉄道会社によって沿線開発が行われて新興住宅地が生まれる余地など最初からない。京王線沿線は、開通時から甲州街道沿いの古くからの街とともにあった、というわけだ。

さらに言えば、並行する中央線沿線の街が〝鉄道施設後〟に栄えたのに対し、京王線沿線の街は鉄道よりも歴史が古い。そのため、京王線の路線カラーが後から形作られることはなく、江戸の昔からのいわば保守的な古い街が沿線に連なっているということになる。

運行本数が多ければいいってものでもない

そんな由緒ある甲州街道沿いの街に、なぜ中央線は先行して開通させなかったのか。現実的な回答は、「できるだけ直線で用地買収の手間なく建設したかったから」。だが、鉄道に〝無視された〟ことが保守連中のプライドを傷つけたのだろう。例えば府中市などでは「蒸気機関車の煙が農作物に悪影響を及ぼす」「鉄道ができると宿場町が廃れる」などと鉄道に反対したため、中央線の沿線にはならなかった、などとのたまうのである。「無視されたのではなく、自分たちが反対したから鉄道が通らなかっただけ」と強弁することで、自らのプライドを保っているというわけだ。このいかにも屈折した理屈が、小中学校の授業でも教えられていたりするから質が悪い。と、まあそんなわけで、京王線沿線はこうした歪んだプライドを持つ連中が跋扈しているのである。

とは言え、1913年に笹塚～調布間で開通したのを皮切りに、1925年までに現在の京王線がほぼ全通すると、沿線の様相も変化していった。今の京王線は首都圏でも有数の混雑路線である。そしてその混雑がまた、京王線沿線の魅力を低下させている。

京王線の混雑時の席取り合戦の滑稽さは、しりあがり寿の漫画になった。

京王線の運行形態の特徴は、なんといってもその運転頻度。日中はともかく朝のラッシュ時は、1時間に30本もの列車が走る。ラッシュ時の新宿行きは速達タイプの急行と各駅停車が基本パターンだが、あまりにも本数が多いせいで列車が寸詰まり。先行列車が進まないので後続列車も駅間停車を繰り返しながら少しずつ前進するという有様で、それが京王線利用者に甚大なるストレスを与えている。

具体例を出せば、府中〜新宿間は日中なら特急で約20分。ところが、朝ラッシュ時には急行で40分以上かかるのである。もちろん停車駅は急行のほうが多いのだが、それにしたって所要時間が倍とはいかに。朝は少しでも速く走ってもらって睡眠時間を増やしたい。そんな貧乏サラリーマンのささやかな願いを打ち砕き、ノロノロ運転の列車にすし詰めを強要する京王線たるや、恐るべしである。

開かずの踏切、競馬・サッカーファンだらけの車内

さらにこれだけ運転本数が多いにもかかわらず、踏切がやたらと多いのも困りもの。当然、朝は開かずの踏切状態になり、京王線をまたぐ道路は大渋滞。たびたび電車と車の衝突事故も起きているし、歩いて渡ろうとしたおばあちゃんが渡りきれずに跳ねられるという悲惨な事故もあった。

東京競馬場に近い東府中あたりも開かずの踏切の本場。だから、馬券で身を滅ぼして命を絶とうとする身には絶好の環境というわけだ。圧倒的一番人気が敗れた日の京王線、要注意である。ちなみにこの競馬場に絡んで言えば、競馬開催日には特急が普段停車しない東府中駅に臨時停車。さらに味の素スタジアムでイベントがあれば飛田給駅にも臨時停車

する。おかげで夕方の上り特急列車は競馬ファン・サッカーファンでグチャグチャになることも少なくない。これとて京王線沿線の住民のストレスの要因であるに違いない。その上、古くからの沿線住民には〝よそ者〟扱いされたりするのだから、京王線沿線で暮らすというのは思いの外、難儀する所業なのである。

最後に、そんな京王線の可哀想なエピソードをひとつ。今の京王線新宿駅は甲州街道の西側にある。だが、戦前までは甲州街道を渡った先の新宿三丁目付近に起点があった。

ところが、空襲で電気施設が被災して、甲州街道と現JRをまたぐ跨線橋を超えるだけの電力が得られなくなってしまった。そのため、泣く泣く起点の位置を甲州街道西側にしたという。

今では都営新宿線と直通運転を行って新宿三丁目も経由するようになったが、これは京王線にとって〝本来の姿に戻る〟悲願成就だったのかもしれない。

LINE DATA

路線・混雑率	166%
路線・運賃収入	619億6938万円
家賃相場	6.8万円
沿線㊙スポット	歓楽街（新宿）、ギャンブル施設（東府中）、イベント施設（飛田給）ほか

犯罪発生度	★★★☆☆
メディア好感度	★★★☆☆
勘違い住民度	★★★☆☆
住民貧困度	★★☆☆☆
生活不便度	★★☆☆☆

井の頭線

渋谷、シモキタ、吉祥寺のお洒落タウンを結ぶレトロ風情の〝私鉄沿線〟

正式名称	京王井の頭線
営業区間	渋谷〜吉祥寺
開業年	1933年
営業キロ	12.7㎞
駅数	17駅
愛称	帝都線

利便性はいいけど変な格好の若者には辟易

渋谷、シモキタ、吉祥寺。東京西部を代表するカルチャータウン……なんて言われているが、その実は行き場のない若者たちがモラトリアムを謳歌するだけの堕落した街である。この3つの街が沿線にあるおかげで京王井の頭線は、良くて〝カルチャー路線〟、悪くて〝若者が多くてうるさい路線〟というイメージを持たれてしまうことがある。

本当は、それぞれ吉祥寺は中央線、下北沢は小田急線、渋谷は東急の文化圏に収まっており、井の頭線は何ひとつ文化圏を持たない路線。だが、かえってそれがプラスに働き、これらの文化圏に近づきたいけれど踏み込む勇気を持たないという人にとっては、ありがたい路線となっているのだ。

実際に、沿線には大学なども多く、意外と家賃の安いアパートもあったりすることもあって、学生の利用が多いのは事実。それにやっぱり、渋谷にも新宿にも吉祥寺にも出やすいという利便性はなかなかのもの。地方出身で東京に憧れて上京してきた学生にとっては、これらの街へのアクセスが便利な井の頭沿線は、実に魅力的に見えることだろう。

さらにその学生の親から見ても、井の頭線沿線には代田や北沢などの高級住宅地もあるくらいの治安の良さ（あくまでもイメージ）は、愛する我が子を一人暮らしさせるにもうってつけ、というわけだ。

だが実際は、ストーカー殺人事件が起きたことでも知られるように、井の頭線沿線の治安がいいということは決してない。渋谷、シモキタ、吉祥寺を愛する若者たちが暮らしている沿線なのだから、本来治安がいいわけないということは推して知るべし。この三駅を除けば、繁華街もほとんどなく、いわゆる〝閑静な住宅街〟が続くためイメージは良いけれど、夜の静けさは女性の独り歩きにはやや危険を伴うほどである。

では井の頭線の利用者はどんな連中なのか。沿線に高級住宅地があるのは紛れもない事実だが、井の頭線沿線は環七・環八に近いこともあって、自動車利用の利便性が実に高い。おかげで、若者の汗の臭い漂う井の頭線にわざわざ乗る上級国民はほとんどおらず、彼らは高級外車を駆る。

つまるところ、井の頭線利用者に親の代から東京都民……という人は意外と少なく、渋谷、シモキタ、吉祥寺に憧れを抱く地方出身者（とその子孫）だらけなのである。

レインボーカラーの車両に乗れれば、いいことあるかも？

ここで、そんな井の頭線の歴史を振り返ってみることにしよう。井の頭線、古くは〝帝都電鉄〟と呼ばれていた。京王電鉄も京王帝都電鉄という社名だったことを覚えている人も多いだろう。

これは、〝京王〟と〝帝都〟のあわせ技。帝都電鉄は山手線の外側に第二環状路線建設

〝若者が多くてうるさい路線〟というイメージが強い井の頭線。

を目論んだ東京山手急行電鉄に前身を持つ。

だが、さすがに野望が大きすぎて実現は難しく、小田急電鉄の傘下に入って、1934年までに現在の井の頭線が全通している。すでに中央線はもちろん、東横線も京王線も小田急線も開通済みで、首都圏では最も新しい〝郊外型路線〟のひとつである。ちなみに当初の野望は、戦時体制突入で早々に潰えている。

ここで「あれ？」と思った人も多いだろう。帝都電鉄は小田急の傘下、つまり、戦前は京王ではなく小田急だったのだ。

さらに戦時中には、私鉄の大合併にともなって東急グループに合併されている。いわゆる〝大東急時代〟というやつだ。この時期に「井の頭線」という路線名も与えられている。

そして戦後、大東急が東急・小田急・京急・京王に分離する際、井の頭線は古巣の小田急ではなく現在の京王とセットで独立。かくして京王帝都電鉄井の頭線となったのである。

つまり、第二山手線を目指したものの、その野望はあえなく潰え、小田急→東急→京王と辿って今の形になったというわけだ。

そう考えれば、中央線文化に属する吉祥寺はともかく、東急の渋谷、小田急のシモキタの空気感は、もしかしたら京王傘下になった井の頭線にも受け継がれているということなのかもしれない。

1998年に、京王帝都電鉄は京王電鉄に改称して、井の頭線のルーツである〝帝都〟の名は姿を消した。かつてはこの〝帝都〟に対して「右傾化している」「戦前回帰か」と批判するとんちかんな左翼勢力があったが、京王電鉄改称時には「左翼に取り込まれた」「誇りある名を捨てるとはまかりならぬ」と逆に右翼から批判が殺到したという滑稽なエピソードもある。

だが実際は、京王の社名から井の頭線が消えたようなものであり、今も井の頭線を「帝都線」と呼ぶような古い沿線住民にとっては切り捨てられたようなただただ寂しいできごとだったとか。

今の井の頭線といえば、車両が7色に塗り分けられているカラーリングが最大の特徴。アイボリーホワイトだとかサーモンピンクだとかオシャレな名前も持つが、これは1962年に運転を開始した3000系以来の伝統色である。

今は全7色すべてを使用したレインボーカラーの特別ラッピング車両も1編成だけ運転されている。朝の苦しい満員電車、このレインボーカラーの車両に当たったら「ちょっとはいいことあるかも」と得した気持ちになるのが、井の頭線沿線住民の日常なのだとか。

LINE DATA

路線・混雑率	146%
路線・運賃収入	不明
家賃相場	8.1万円
沿線㊙スポット	歓楽街（渋谷）ほか

犯罪発生度	★★☆☆☆
メディア好感度	★★★★☆
勘違い住民度	★★★★☆
住民貧困度	★★☆☆☆
生活不便度	★★★☆☆

お年寄りは迷わずロマンスカーへ――
寿命を縮める超混雑路線

小田急線

正式名称	小田急小田原線
営業区間	新宿〜小田原
開業年	1927年
営業キロ	82.5㎞
駅数	47駅

朝の通勤時間帯、上下線ともに激しく混み合う〝地獄の路線〟

ロマンスカーに乗って箱根に行こう――。なんともステキな響きのコトバだが、それとは裏腹に小田急小田原線は、どこからどう転んでみても〝地獄の路線〟でしかない。

例えば、朝の下り列車。通勤客が詰め込まれる上り列車なら立錐の余地もないほど混雑しているのは納得できるが、他の郊外路線ならガラガラのはずの朝の下りも、小田急線の場合はなぜかメチャメチャ混んでいることに愕然とさせられる。「しばらく乗っていれば大半の客が下北沢あたりで降りてくれるだろう」とタカをくるのだが、その期待も見事に裏切られる。

下北沢は、客が降りるどころかむしろ京王井の頭線からの乗り換えで小田急線に乗り込む客が殺到する駅であり、混雑具合は駅ごとに加速。気が付けば、満員電車に揺られながら長距離の朝の下り旅を強いられる。それもこれも、沿線には大学から各種製造工場までが建ち並んでいるから。そこへ朝から箱根や江ノ島まで遊びに行こうと企む連中までが加わり、小田急線は上り下りを問わず、地獄のラッシュが待ち受ける路線なのである。

混雑緩和工事に対し「わが町の静謐を鉄道で侵すな！」

もちろん小田急電鉄とて、この惨状に手をこまねいているわけではなく、特に混雑の激しい代々木上原〜向ヶ丘遊園間では複々線化工事が絶賛進行中だ。

ところが、この複々線化工事も実に厄介なトラブルを抱えてしまった。小田急線梅ヶ丘〜喜多見間で繰り広げられた「高架複々線反対運動」である。

新幹線建設に反対して「埼京線」という実を得た事例など、騒音を理由に鉄道建設に反対する例は意外と多い。上野東京ラインも神田周辺の住民の猛反対に晒されたし、古くは東海道新幹線名古屋駅付近では〝倶利伽羅紋々〟の連中が押し寄せたという公式な記録も残っているくらい。

ただ、こうした反対運動は、鉄道ができる以前からその周辺に暮らしていた古い住民が担い手となるもの。「わが町の静謐を鉄道で侵すな！」というわけだ。

しかし、梅ヶ丘〜喜多見間の反対運動はさにあらず。世田谷区内のこの区間は、小田急線開通以降宅地化が進んだいわゆる高級住宅地である。

そんな住民たちがこぞって「小田急線がうるさい」と言い出したのだ。いかにも共産党系の弁護士に籠絡されそうな貧民でもなく、それなりに社会的地位もあるはずの高級住宅地の住民たちによる反対運動だ。

最近では騒音を理由に保育園開園に反対する老害たちが炎上しているが、彼らとて保育園のない場所に家を構えたわけで、保育園が後発。文句を言いたくなる気持ちはあるのだろう。

突貫工事で1927年に全線を同時に開業させたり、件の通りのロマンスカーが一斉を風靡したり、歴史的に見ればいいエピソードも少なくない。

ところが、この世田谷区内に暮らす〝プロ市民〟たちは、もともと小田急線が通っている街にやってきたにもかかわらず、文句たらたらなのである。おかげでこの区間の複々線化工事は遅れに遅れ、自分勝手なプロ市民によって小田急線の利用者は苦しめられ続けた。

それでもなんとか複々線化にはこぎつけて（というか普通に裁判で住民側が敗訴）、2018年度中には代々木上原〜向ヶ丘遊園間全区間での複々線化も完了する予定。これで小田急線の混雑はだいぶ緩和されるのではないかと期待されている。

その点では、今後の小田急線は東急東横

線や田園都市線、京王線と比べると〝住みやすさ〟という点では意外と優れているということになりそうだ。

本厚木、伊勢原、鶴巻温泉…地の果てへ通う大学生たち

だが、それでも油断は禁物。むしろ小田急線は神奈川県内に入ってからが本番である。町田駅（いちおう東京ですが……）は横浜線の項でも触れた通り、ヨドバシ近くに暗黒街が控えるＤＱＮタウンだし、海老名・厚木に至っては東京で言えば八王子に瓜二つ、民度の低い田舎のターミナルである。近年は発車メロディーに当地出身のいきものがかりの曲を起用したりして印象回復に躍起になっているが、そもそも海老名駅前の商業施設に鎮座する謎の五重塔を見れば底が知れるというものである。

ちなみに厚木駅は相模川の東側、海老名市内にある駅で、厚木市の玄関口は本厚木。こんな紛らわしい駅名、地元住民以外にとっては至極迷惑である。まあ他地域からわざわざ厚木を訪れるような人はほとんどいないだろうから、それでもいいのかもしれないが。

一応、厚木以西にも触れておくと、本厚木〜小田原間はただのド田舎。ロマンスカーはともかく速達列車の急行も各駅停車と化し、駅間は開く一方だ。伊勢原駅は大山登山の玄関口で、鶴巻温泉駅なる都会の通勤路線にあるまじきウキウキ気分の駅まである始末。で、新宿からも通学の学生が小田急線車内を賑わす東海大学は東海大学前駅。こんな地の果てまで通学しなければならない学生たちの思いやいかに。

終点の小田原駅はJR東海道線との接続駅。新宿〜小田原間は湘南新宿ラインと競合しており、小田急線は所要時間では10分余計に擁するが料金は600円ほど安い（普通列車）。

ロマンスカーを使えば当然時間は遥かに短縮されるわけで、小田原、そして箱根観光は小田急線の真骨頂だ。プロ市民の余計な横槍に苦しめられる都心近くよりも、箱根観光に小田急が力を入れるのも当然と言えるのかも知れない。

LINE DATA

路線・混雑率	192%
路線・運賃収入	1113億2254万円
家賃相場	6.1万円
沿線㊙スポット	旧ちょんの間街（町田）、未解決殺人（祖師ケ谷大蔵）ピンサロ街（小田急相模原）ほか

犯罪発生度	★★★☆☆
メディア好感度	★★★☆☆
勘違い住民度	★★☆☆☆
住民貧困度	★★☆☆☆
生活不便度	★★★☆☆

東横線

代官山、中目黒、自由が丘、田園調布……それはただの幻想です

正式名称	東横線
営業区間	渋谷〜横浜
開業年	1926年
営業キロ	24.2km
駅数	21駅
愛称	おにぎり電車

田園調布や自由が丘のイメージに乗っかった東横線住人たち

飲み会などで住んでいる場所の話題になった時、大抵の人は住所や駅名をもって答えるものだ。ところが、東横線沿線に住んでいる連中はこう答える。

「おれの家？　東横線」

「高円寺」と言いながら中央線ではなく丸ノ内線の新高円寺駅近くだったり、「横浜」と言いながらも実は横浜とは言い難い港北ニュータウンだったりするのはまだマシに見えて

くる。「東横線」と答える輩は、どうせ日吉以南の横浜の片田舎に住んでいるにもかかわらず、聞いた人が田園調布や自由が丘をイメージすることを期待しているのだろう。そうやって東横線の上品なイメージにすがって生きる。それが彼らのよすがなのである。

このように、東横線は都内屈指のいけ好かない路線のひとつ。東横線沿線に暮らす連中にしてみれば、「東横線＝高級路線」と崇め奉られていると思い込んでいるのだろうが、実際は蛇蝎のごとく嫌われているということに気付いていない。

確かに、東横線沿線にはハイソなイメージの街が少なくない。代官山や中目黒には自分が美男美女だと勘違いした若者が闊歩する。自由が丘や田園調布は言わずと知れた高級住宅地。多摩川を渡って神奈川県内に入っても、東横線沿線の家賃相場や地価は他の路線沿線と比べれば高止まりしており、東横線のイメージを決定付けている。

さらに日吉駅といえば天下の慶應義塾大学。慶大生なんて三田キャンパス近くで〝豚のエサ〟なんて揶揄されるラーメン〇郎を食べて破廉恥なミスキャンを催すのが関の山なのだが、なぜか日吉駅周辺は他の学生街とは異なる雰囲気を漂わせる。

今はすでに大学が移転してしまった学芸大学・都立大学駅あたりも同様だ。これも〝慶應〟の虚像を作り出し、東横線沿線のイメージアップにつながっている。

一体なぜ、これだけ東横線は沿線住民を〝選ばれし民〟と勘違いさせるのか。それは、そもそも東横線自体がそういう連中を沿線に招き入れることを目的として建設された路線だからである。

東急グループの祖・五島慶太がしがない田舎町を切り拓いた

東横線の開通は1926年。後の東急グループ総帥・五島慶太率いる東京横浜電鉄によって、多摩川～神奈川間で最初の区間が開通した。その当時から目蒲線に直通運転を行い、目黒～神奈川間に列車を走らせている。翌年には渋谷までの開通を叶え、1932年には桜木町駅まで開通して全通した。横浜と東京を結ぶことに成功したのである。

と言っても、それだけで利用者が増えるほど世の中は甘くない。横浜はまだしも、当時の渋谷駅は陸軍の練兵場が近くにあるだけのしがない田舎町だったし、沿線はただの農村地帯。そこで五島は沿線開発に乗り出すのだ。

東急グループがブランド化に成功した東横線沿線は、とにかく人気が高い。

むしろ開発した新開地に住民を誘致するために東横線を建設したようなものなのだが、いずれにしても田園調布の高級住宅地もこの沿線開発によって生まれた街。駅名として残っている学芸大学も都立大学も、そして慶應大学も、五島が利用者確保のために誘致したものである。

特に慶應大学は日吉キャンパスの用地を無償提供しているというから、その意気たるやなかなかのものだ。

さらに遊興施設も沿線に設けている。綱島駅周辺には綱島温泉を設けて関東の奥座敷とし、多摩川駅近くには多摩川遊園地を開く。多摩川河川敷では花火大会まで催して、都心からの遊興客も集めたのである。

その後、これらの遊興施設は姿を消してしまったが、ターミナル・渋谷には百貨店を設けて沿線住民を満足させ、さらに渋谷発展の足がかりを作った。こうして地固めを進め、関東大震災以降の人口郊外移転という〝追い風〟も相まって、東横線沿線は東京でも有数の一大住宅地となったのである。

「埼玉の田舎者と交わりたくない」というのがホンネ？

今の東横線沿線の住宅地や慶應大学など、〝東横線イメージ〟を決定付けるもののすべてがこの時代に築かれたというわけだ。

ちなみに神奈川県内の東横線沿線も東京に負けず劣らずの発展ぶりで、港北ニュータウンなどとは一線を画するムードを持っている。それは戦前からの歴史があるのだから当たり前なのだが、その周辺との〝格差〟がまた東横線沿線の住民をつけあがらせることになるわけだ。

渋谷駅から地下鉄副都心線への直通運転を開始したときも、東横線沿線の住民は猛反対。何しろ「埼玉の田舎者と交わりたくない」というのがホンネなのだ。

しかし、よくよく歴史を振り返れば、東横線沿線の住民たちの〝東横線プライド〟たるもの、すべてこの路線を築いた東急五島慶太の思いのまま。いわば手のひらの上で転がされているだけでのこと。東横線の開通から90年以上の月日が流れたが、月日を重ねるごとに東横線民は増長するばかり。

けれど、周辺の路線沿線と比べれば歴史があるがゆえに沿線の高齢化も進んでおり、実は田園調布や自由が丘も地盤沈下が激しいとか。となれば、精一杯の〝東横線プライド〟にすがるしか彼らの生きる縁はないのかもしれない。

五島慶太の野望の駒になった東横線沿線住民の末路は、かくも悲しい。

LINE DATA

路線・混雑率	170%
路線・運賃収入	不明
家賃相場	8.2万円
沿線深スポット	歓楽街（渋谷）、歓楽街（横浜）ほか

犯罪発生度	★★☆☆☆
メディア好感度	★★★★☆
勘違い住民度	★★★★☆
住民貧困度	★★★☆☆
生活不便度	★★☆☆☆

実は乗りたくない東京の私鉄沿線WORST1!?

田園都市線

正式名称	東急田園都市線
営業区間	渋谷～中央林間
開業年	1927年
営業キロ	31.5㎞
駅数	27駅

「民度の低い埼玉と繋げるな」と言うものの、もとはジャリ電

東横線と双璧を成す東急電鉄の大幹線・田園都市線。

渋谷から半蔵門線、そしてそのまま東武伊勢崎線（スカイツリーライン）まで直通運転を行っているため、中央林間発・南栗橋行という、知っていなければどの地域を走っている路線なのかよく分からない列車もしばしば見かけるわけで、田園都市線は三軒茶屋や二子玉川駅をはじめとする東京都内とそれ以外の神奈川県内（一部町田市……）との間で、

存在感の強弱の差が激しすぎるのも特徴のひとつである。

そんな田園都市線だが、東急の路線の中では混雑率は最も高く、歴史と伝統の東横線よりも混んでいる。

混雑率は184％で、東急の路線ではもちろん最高。その他の路線を含めても田園都市線を上回るのは小田急線・東西線・中央線・総武線・横須賀線だけである。それだけ有数の混雑路線である上に、厄介なのが〝車内トラブル〟の多さだ。

しばしば対比される東横線は、御存知の通り沿線に高級住宅地も少なくなく、ラッシュアワーでも車内は比較的落ち着いたムード。ところがこちらの田園都市線は、車内マナーを巡ってのトラブルや、「押した、押してない」という、どうでもいいことでの口論がなぜか頻繁に勃発する。こうした乗客同士の車内トラブルは列車遅延の原因になっており、それがさらに利用者の鬱憤につながり、また新たなトラブルを生む……の悪循環。もう、うんざりな毎日なのである。

——というわけで、東横線はいけ好かないし、田園都市線は民度が低いという、東急電鉄の路線全体のイメージを損なう結果となっているのだ。

サ○エさん一家も暮らす、のどかな東京を走った田園都市線

とは言え、一般的には田園都市線沿線も東急の切り開いた新興住宅地（たまプラーザとか）や三軒茶屋・二子玉川の比較的落ち着いた住宅地のイメージも強い。それがなぜ、車内トラブル頻発路線になってしまっているのか。その答えは、やはり東横線との〝対比〟にあると言えるだろう。

東急電鉄の路線に〝本線〟はない。歴史的に見れば、最も古い路線は目黒線と多摩川線ということになるし、沿線開発という東急らしさという点では東横線。だが現在の利用者数では、田園都市線に軍配があがる。目黒線・多摩川線はともかく、東横線と田園都市線が東急の〝本線格〟を巡って争っているという構図なのだ。その結果、東横線サイドはその歴史の古さ、〝東急の伝統〟もあって余裕綽々。それに対して田園都市線サイドは、なぜだか東横線への対抗心を隠さない。「今はウチの沿線の街の方が人気でしょ？　三茶とか。時代は田園都市線なんだよ」と来るわけだ。はたから見ればどうでもいいような気もするが、後発の路線たる田園都市線沿線が意地を張る気持ちも分からなくはない。

車内トラブルが頻発して、たびたび遅延するのが田園都市線の特徴だ。

田園都市線の歴史を振り返ると、東横線のように王道の私鉄郊外路線として建設されたわけではない。そもそものはじまりは、多摩川の砂利輸送を目的に渋谷から二子玉川までを結んでいた玉川電気鉄道にある。いわゆる〝玉電〟というヤツだ。

玉川電気鉄道時代には、桜新町駅付近に分譲住宅地を造成して販売するという沿線開発を手がけており、これは東横線沿線よりも古く、関東地方の沿線開発の嚆矢ともされる。桜新町といえばサ○エさんだ。

関東大震災以降の〝郊外成立〟の歴史の中で、玉電沿線には磯野一家のような住民が次々と家を構えることになったというわけだ。磯野一家はお世辞にもオカネモチとは言い難く、そのあたり田園都市線は、生まれ育ちから東横線とは明らかに違っていた。

楽天本社が移転してきても、かつての場末感は消えず……

ただし、玉電は国道246号上を走る併用軌道の区間も多く、これがモータリゼーションの加速する日本の道路事情にそぐわないため、1964年以降は新玉川線として、現在の地下を走る田園都市線の建設が進められた。1977年に新玉川線開通、2000年には新玉川線と溝ノ口〜中央林間間の田園都市線が併合されて現在の形が完成する。

こうして振り返ってみると、田園都市線は最初から一気通貫の一路線として開通した東横線と比べれば紆余曲折。そもそもが多摩川の砂利輸送からはじまったわけであり、今では楽天の本社が移転してくるなどイメージ向上が著しい二子玉川とて、当時は砂利採掘場のあるような田舎町だった。また、これまた田園都市線沿線住民が誇る三軒茶屋も大差なく、江戸時代に3軒の茶屋があったからという地名の由来からも分かる通りの寂しい街。

玉川通りと世田谷通りの交差地点ということや、二子玉川よりはまだ繁栄の歴史は古いものの、その差とてわずかなものだ。それに今の三軒茶屋も、悪く言えば自由が丘などと比べれば明らかにレベルの低い地方出身者のたまり場感たっぷりの街である。

そんなわけで、田園都市線は漠然と〝東急沿線〟に憧れる地方出身者が、とても東横線沿線には手が出ないということで妥協して選んで暮らしている地域なのだ。一人暮らしの若者も多く、そのあたりからも沿線価値の低さがうかがえる。その結果、電車の乗り方もわきまえない田舎者が車内トラブルを頻発させ、渋谷、表参道、青山あたりを目指すOLや女子大生が化粧や香水の鼻につく臭いを振りまくという、地獄の路線になってしまった。それでいて、歪んだ〝東急プライド〟があるから質が悪い。

こうしてみると、田園都市線ほど乗りたくない東京の私鉄路線もないと言うべきだろう。

LINE DATA

路線・混雑率	184%
路線・運賃収入	513億2635万円
家賃相場	7.2万円
沿線㊙スポット	歓楽街（渋谷）ほか

犯罪発生度	★★☆☆☆
メディア好感度	★★★☆☆
勘違い住民度	★★★★☆
住民貧困度	★★★☆☆
生活不便度	★★★☆☆

世田谷線

路面電車感、旅情は◎ ただし〝よそ者〟には冷たい

正式名称	東急世田谷線
営業区間	三軒茶屋〜下高井戸
開業年	1925年
営業キロ	5.0㎞
駅数	10駅
愛称	玉電（昔の名残）

世田谷の下町区間を走る路面電車は、意外と……

都電荒川線と並び、東京都内を走る路面電車として知られる世田谷線。実際は路面電車と言いながらも、道路上を走る〝併用軌道〟の区間はまったくない。

もともとは現在、地下を走る田園都市線に生まれ変わった玉川電気鉄道（玉電）の支線だったが、玉電本線と異なり併用軌道がなかったために今も生き残ったというのがその経緯である。意外と広く、そして交通不毛の地が多い世田谷区にとっては、貴重な南北路線

としても機能している。唯一路面電車らしさが垣間見えるのが若林駅近くの環七との踏切。この踏切は〝車優先〟が貫かれており、世田谷線の電車が踏切待ちをするシーンが今も見られる。それだけ環七の交通量がヤバイということでもあるのだが。

世田谷線は、三軒茶屋から世田谷の市街地を駆け抜けて、京王線の下高井戸駅までを結ぶ。途中の山下駅では小田急線と接続するが、小田急側は豪徳寺駅と駅名が異なる。世田谷と言えば高級住宅地のイメージが強いが、世田谷線の沿線は比較的下町ムードが強く昔ながらの商店街も多い。世田谷駅・上町駅周辺は中世以降の世田谷の中心地で、12月・1月に行われるボロ市は戦国時代に北条氏政によって始められた楽市を起源とする伝統行事。

このあたりからも、同じ世田谷区内でも田園都市線や東横線沿線とは大きく性質が異なることがよく分かるだろう。

江戸時代には彦根藩井伊氏がこの地を治めていた由来から、沿線の豪徳寺には井伊直弼の墓がある。この井伊直弼の墓の東側には松陰神社があるが、こちらは安政の大獄で井伊直弼によって処刑された吉田松陰を祀る社。現世での恨み辛みを持つ2人は、死した今も世田谷で睨み合う。両者の中間に位置する国士舘大学は柔道の強者どもが集う大学だが、彼らの力で井伊直弼VS吉田松陰の因縁バトル再来を防いでいるのかいないのか。

ともあれ、田園都市線沿線などと違って、世田谷線沿線はどちらかと言えば古くからの住民が多い。そのため乗り慣れていないと、前乗りなのか後ろ乗りなのか、料金支払のタイミングなど戸惑うことだらけの路面電車スタイルは、沿線住民にとって〝よそ者か否か〟を見分ける、いわば踏み絵のような存在になっている。

よそ者でも許容されるのはボロ市開催時の訪問客と件の国士舘大の学生くらいなものであり、世田谷線車内での振る舞いをひとつ間違ってよそ者認定されてしまえば、乗車中一貫して冷たい視線にさらされることになる。

輸送量の小さな路面電車が人口密集地を走るがゆえ、途中駅からの乗車で座ることはほぼ不可能なのも抑えておきたいポイントである。

LINE DATA

路線・混雑率	？%
路線・運賃収入	不明
家賃相場	7.8万円
沿線㊙スポット	豪徳寺（宮の坂）、松陰神社（松陰神社前）ほか

犯罪発生度	★☆☆☆☆
メディア好感度	★★★★☆
勘違い住民度	★☆☆☆☆
住民貧困度	★☆☆☆☆
生活不便度	★★★★☆

五島慶太の夢の跡……大田・世田谷区民にとって真の〝わが町路線〟

池上線・目蒲線他

正式名称	東急池上線
営業区間	五反田〜蒲田
開業年	1922年
営業キロ	10.9㎞
駅数	15駅

古い車両が目立ち駅もボロい……これが東急イメージ？

東急電鉄のイメージとは何か。まあ、大抵の人が「セタガヤを気取ったいけ好かない連中が使う路線でしょ」……ってなものだろう。それを逆手に取ったのか、それとも思惑通りなのか、東急もそんな高級ブランドイメージ戦略を推し進めているようで、渋谷駅に聳えるヒカリエなんてその典型。たどり着くことすら容易でない渋谷駅の東横線や田園都市線のホームなんて、まさに〝東急帝国の城〟さながらである。

ところが、東急電鉄の歴史なんて、そんなに華やかなものではない。現在の東急の路線で最も古いのは、1922年に開業した池上線。山手線五反田駅の高架ホームのさらに上から出発するアレである。池上本門寺への参詣路線として誕生した大田区内を走る下町タイプの路線であり、当初は五反田ではなく目黒駅に接続する予定だった。

だが、わずかに遅れて1923年に開業した目蒲線（現在の目黒線・多摩川線）と完全に競合することになったため、目蒲線を建設した目黒蒲田電鉄を率いる五島慶太の逆鱗に触れて買収されて五反田接続になったという哀しきエピソードを持つ。これが「五島慶太＝強盗慶太」の愛称の謂れである。東急電鉄の歴史は、このようにライバル路線の買収の歴史でもある。今の田園都市線・世田谷線だって玉川電気鉄道を買収したものだ。

では、この主に大田区内を走る路線はどんなものか。かつて目黒～蒲田間を結んでいた目蒲線は路線網再編で目黒線・多摩川線に分離され、目黒線は東横線の混雑緩和を目的とするバイパス路線と化した。目黒駅から地下鉄南北線・都営三田線に直通してはいるものの存在感は薄い。池上線は水谷八重子の『池上線』なる歌謡曲でボロ電車扱いされて東急がブチ切れたというエピソードを持つが、実際本当に池上線の車両は他路線から撤退した古い車両が目立つし、駅もボロい。多摩川線や大井町線もそれとは大差なく、沿線人口ばかりが多いために列車は終日混雑する。

この地域の中心駅で大井町線と目黒線が接続する大岡山駅は、学生街のターミナル。とは言え、近くにあるのは東京工業大学だから女子率は極めて低く、ムサイ理系男子大学生だらけで、学生街らしい華やかさや活気とは無縁である。

この地域には国道1号の地下を都営浅草線も通っているが、この国道1号を境に東側は比較的古くから栄えた街。一方、国道1号より西は戦時中には〝疎開〟してきた人たちもいたというほどの田舎町である。

横須賀線（湘南新宿ライン）の駅が国道1号東側の西大井にできて、人口密集地かつ池上線と交差する御嶽山駅付近にできなかったあたり、ＪＲサイドからは軽く見られていることも間違いなさそうだ。

LINE DATA

路線・混雑率	128%
路線・運賃収入	不明
家賃相場	8.0万円
沿線㊙スポット	歓楽街（蒲田）ほか

犯罪発生度	★★☆☆☆
メディア好感度	★★★☆☆
勘違い住民度	★★☆☆☆
住民貧困度	★★☆☆☆
生活不便度	★★★☆☆

東京・神奈川沿岸のディープエリアを駆け抜ける「路地裏の超特急」

京急本線

正式名称	京急本線
営業区間	品川〜浦賀
開業年	1925年
営業キロ	56.7㎞
駅数	50駅
愛称	赤い彗星

関東最速！ やけにぶっ飛ばしている京急列車

時速120キロのスピードは関東地方の在来線では最速。それをもって、赤い車両の京急電車は「赤い彗星」などと呼ばれることもあるという。120キロ運転の列車同士がすれ違うと、車両の窓がビリビリ鳴るほど震え合い、乗客は多少の恐怖を感じるほどだ。このスピードがゆえ、ほとんど全区間でJRの路線（東海道線や京浜東北線、横須賀線）と競合しているにもかかわらず、多くの利用者を集めているわけである。

そんなスピード面の特徴に加えて、近年流行りのボルスタレス台車を使わず、車両の出力を確保するために先頭車両を電動車にしたり、ポイントの切替などの運転業務が今も手動で行われていたり、京浜急行は何かとこだわりの強い事業者である。

かの有名な、発車時の〝ドレミファ音〟（いわゆるドレミファインバータ）もしかりで、おかげで鉄道ファンからの人気も高い。それがゆえに、怪しげなオタクを頻繁に車中で見かけるということにもつながっているのだが、いずれにしても京急は関東地方の私鉄の中でも指折りの個性派、特徴豊かな路線なのである。

空港アクセス路線化で、横浜〜三浦の住民たちを置き去りに

ならばいいじゃないか、と言われそうだが、そのこだわりの強さと路線環境はまた別の話である。そもそも、京急は品川から横浜を経て三浦半島方面までを結んでいる路線なのだが、沿線住民以外にとっては羽田空港へのアクセス路線としての印象しかない。「エアポート快特」なんて聞き馴染みがある列車だろう。実際、京急蒲田駅から羽田空港までを

結んでいる空港線は京浜急行にとってドル箱中のドル箱。ダイヤ設定も朝夕のラッシュ時をのぞけばほぼ空港線優先で組まれているくらいだ。

そのため一般的に印象の薄くなっている他の区間はどうなのか。よく言えば下町、悪く言えば民度の低いエリアを走る路線というのがその答えである。

まずは東京都内からしてかなりヒドイ。京浜東北線よりも海側を走っているのだが、かつて銃撃事件があった青物横丁駅やら立会川駅やら大森海岸駅やら、大田区沿岸部の下町が連なる。鮫洲駅は運転免許試験場でおなじみだ。

そして東京都内の京急本線の駅でボスとも言えるのが京急蒲田駅。かつては地上駅だったが2012年に高架化が完成した。その後、エアポート快特の一部が京急蒲田駅を通過するようなダイヤが組まれたのだが、これに地元住民が大反対。「何のために高架化の金を出したのか！」と発狂したのだ。

そもそも高架化の発端は開かずの踏切問題だし、品川から空港に直通する列車を走らせることで地域輸送と空港輸送が分離されて輸送体制は充実するはずなのだが、実にお門違いの反対運動であった。

ギャンブル場や工業地帯、東京都や神奈川県の下町を駆け抜ける京浜急行。

そして神奈川県内。全域がアレな川崎市内はともかく、横浜市といえば神奈川県内でもダントツの上品な街イメージ。ところが、この京急はその横浜の中でも荒れ狂う街を選ぶようにして走るのだ。

日ノ出町駅付近は闇市から発展した野毛の場末歓楽街が広がり、週末には駅前にハズレ馬券が桜吹雪の如く舞う。今はだいぶ浄化されたという噂もある黄金町とて、横浜一の風俗タウンの玄関口だ。

このように、誰もが避けて通りたくなるような地域を走るのが京急の特徴。全体的に駅間が短いこともあって、街と街の境目が曖昧なのも見逃せないポイントで、それが横浜～南太田あたりの退廃的な雰囲気を産み出しているといえるだろう。

空のイメージと横浜暗黒街のイメージを総取り

そんな荒んだ沿線環境も、弘明寺駅付近からはやや改善し、上大岡あたりは副都心として栄えているし、金沢八景駅はシーパラダイスも近い観光の町。

ここまで行けば京急沿線のネガティブなイメージはだいぶ薄れ、典型的な〝港町横浜〟のイメージに近くなるのだが、引き換えに都心までの距離が遠すぎる。それを補うのが、関東最速の時速120キロ運転ということになるのだろうか。

京急本線は、もともと路面電車から発展したという歴史を持つ。京急電鉄全体で最も早く開通したのは京急川崎駅で、本線から分岐する大師線。川崎大師への参詣路線として建設され、それを足がかりに東京と横浜を結ぶ路線に成長し、1931年に横浜～黄金町間が開通して全通した。京急本線全体で見ても、最も荒んだ地域が最後に開通したというのも何かを暗示しているのかもしれない。

その後は都心部進出を目論んで東京地下鉄道（現在の地下鉄銀座線）との直通運転を計画して頓挫したり、戦時中に東急グループの一部に落ちぶれたりと波乱の歴史もあったが、1948年に京浜急行として独立してからは比較的順風満帆。長年、東京南部、神奈川県内の（良く言えば）下町を走る路線であり、羽田空港の発展に伴って空港アクセス路線としての意味合いが強くなって今に至る。

空港アクセスの颯爽としたイメージと、横浜の暗部を走る闇のイメージとが共存するあたりは、そんな京急の歴史を象徴しているものだと言えるだろう。

ただ、都営浅草線を経て直通している京成本線は同様に空港アクセス路線でありながらも負のイメージが上回る。それを思えばオタクに愛されているという点を含めても今の京急の立ち位置は決して悪いものではないのかもしれない。

LINE DATA

路線・混雑率	145%
路線・運賃収入	621億1699万円
家賃相場	6.6万円
沿線深スポット	裏風俗街（蒲田）、元ちょんの間街（黄金町）、横浜刑務所（上大岡）ほか

犯罪発生度	★★★★☆
メディア好感度	★★☆☆☆
勘違い住民度	★★☆☆☆
住民貧困度	★★★☆☆
生活不便度	★★☆☆☆

悲願だった都心乗り入れ目前！
しかし「いずみ野」って言われても……

相鉄線

正式名称	相鉄本線
営業区間	横浜～海老名
開業年	1925年
営業キロ	24.6㎞
駅数	18駅

影の薄い田舎路線が、ついに日の目を見る？

相鉄、または相模鉄道と言われてピンとくる人が、果たしてどれだけいるのだろうか。京急や京成は空港に行くときに使う人は多いし、小田急だって箱根に向かうロマンスカー。東急は私鉄の雄として存在感を放っているし、西武はプロ野球のライオンズ、東武はＳＬの運転開始でも話題を呼んだ。だが、そんな関東大手私鉄群の構成員でありながら、相鉄は実に影が薄い。沿線に名所があるわけでもなく、観光などで利用する機会もほとんどない。厚木飛行場は実は相鉄沿線にあるのだが、それとて知っている人はまずいないだろう。

東京都内に進出せず、横浜駅が最大のターミナルというのも相鉄の大きな弱点だ。横浜駅以外で他路線と接する駅は、本線といずみ野線が分かれる二俣川駅、小田急江ノ島線と接続する大和駅、そして終点の海老名駅だけである。海老名は東名高速のサービスエリアで知られるが、二俣川も大和も、住民でもなければ耳にしたこともないはずだ。もちろん横浜への通勤路線なので利用者も多いし、それぞれの駅周辺には住宅地や商業地が広がってはいるけれど、相鉄はとにもかくにも地味過ぎる路線なのだ。東武や東急などと肩を並べて〝大手私鉄〟と胸を張るのはおこがましい。沿線住民すらそう思っていることだろう。

そんな悲哀たっぷりの相模鉄道は、歴史を見ても悲しさばかりが募る。相模鉄道の本来の本線格の路線は、現在JRの路線になっている相模線。相模川の砂利を運ぶためのいわゆる〝ジャリ電〟だったが、戦時中に国策で国に買収されてしまう。その頃には神中鉄道という別会社が開通させた現在の相鉄本線を買収していたため、こちらが本線化してそのまま現在に至ってしまったのだ。

戦後、相模線が相鉄の路線に戻るという噂も根強くあったが実現せず、結局今に至るまで、相模鉄道は自らのルーツを奪われたままである。このあたり、実に悲しい。海老名駅から厚木駅まで、ＪＲ相模線に沿って相鉄の線路が伸びているのは往年の名残である。

とは言っても、ＪＲ相模線とて八高線と並んで首都圏屈指のローカル線として知られるレベルで、駅の大半が無人駅。そんな路線が今相鉄の傘下にあれば経営を圧迫していたはずだから、これはこれで良かったのかもしれないが。

こうした悲劇の歴史を持つ相模鉄道だが、いよいよ悲願の都心進出を果たそうとしている。現在、西谷駅からＪＲ東海道線・東急東横線への連絡線を建設中。これが完成すれば、相鉄とＪＲ・東横線への直通運転が実現するのだ。

ＪＲとは2019年度、東横線とは2022年度までに直通運転開始予定。都心部の人は誰も知らない相模鉄道が、一躍全国区になる日もそう遠くないのである。

LINE DATA

路線・混雑率	144%
路線・運賃収入	308億9555万円
家賃相場	5.6万円
沿線㊙スポット	歓楽街（横浜）、陸自基地（相武台下）ほか

犯罪発生度	★★☆☆☆
メディア好感度	★★☆☆☆
勘違い住民度	★★☆☆☆
住民貧困度	★★★☆☆
生活不便度	★★★☆☆

京成線

「遊園地」「夢の国」に救われたノスタルジック行商列車

正式名称	京成本線
営業区間	京成上野〜成田空港
開業年	1912年
営業キロ	69.3km
駅　数	42駅

東京であって江戸ではない、〝下町〟を走るローカル列車

このご時世、行商人なんてついぞ聞いたことがない。お野菜もお魚も、スーパーにでも出向けば、いくらでも新鮮なものが手に入る。

だが、こんな21世紀でも京成電車には〝行商人〟の世界があった。2013年まで、朝の一部の列車の一部の車両は行商人専用車両として運転されていたのだ。乗り込むのは、千葉で採れた野菜を背負ったおばあちゃんである。

そう言えば、町屋駅前で野菜やら干物やらを売っているおばあちゃんを見かけたことがあったが、「千葉の方から京成で来てるんだ」と言っていたような気がする。と、こんなエピソードから察することができる通り、京成電鉄の本質は行商人も乗り込むほどの〝ローカル感〟、そして〝千葉〟である。徹底的なまでに千葉である。

こう言うと、「いや、京成だって東京都内を走っているぞ！」と反発を受けるかもしれない。確かに、京成の始発は上野駅だ。押上駅経由では都営地下鉄浅草線にも直通しているし、都心に乗り入れているのは事実である。

ただ、よくよく路線図を見てほしい。京成の走っているエリアは、都内とは言っても、ほとんどが荒川の向こうの葛飾区である。青砥やら立石やら高砂やら、これらの駅周辺に暮らす人々は、どういうわけか「下町」を誇る悪い癖がある。

ただ、もともとこのあたりは江戸時代には〝江戸〟の範囲にも含まれておらず、明治以降のどさくさに紛れて東京都内に含まれた一帯であった。下町どころか葛飾郡、寂しい寂しい田舎町だったのである。

それを〝下町文化が根付く〟とはまさしく笑い草である。

北総線・千葉ニュータウン開発〝大失敗〟のツケ

京成沿線住民のアイデンティティーとなっているものは、まだある。ひとつは成田空港である。「京成といえば成田空港。みんな乗るでしょ？」などとのたまう。ところが、2010年にスカイライナーが運転を開始してから、成田空港アクセス路線としての役割は京成本線というよりは成田スカイアクセス線、つまりは北総線サイドに委ねられることになった。

北総線は千葉ニュータウン開発に伴って京成や千葉県が出資して建設された路線だが、千葉ニュータウンがものの見事に大失敗となり、未だ沿線には開発を夢見る空き地が広がっている有り様だ。

北総線はニュータウン居住者増加に伴って収益が改善するはずだったのだが、その目論見が大きく崩れて今も運賃は高止まりしている。それがますますニュータウン発展を妨げるという悲惨な状態に陥っており、今ではスカイライナーが走ることくらいしか胸を張れるポイントがなくなってしまった。

沿線にディズニーワールドがあるのが京成線沿線住民のアドバンテージ？

そして翻って京成と成田空港。スカイライナーが北総線経由である以上、京成本線サイドから見れば成田空港は事実上〝線路がつながっているだけ〟にすぎない。

もちろん今でも空港行の列車もあるし、都営浅草線・京急とともに構成する羽田・成田連絡路線において、重要性は失われていない。ただ、羽田空港の国際線充実によって羽田と成田を行き来する人がそもそも減っている中で、やっぱり京成本線にとって成田空港は〝失われし栄華〟にすぎないのである。

もうひとつの京成沿線民の誇りは、ディズニーランド（&シー）。ディズニーリゾートを経営するオリエンタルランドが京成電鉄の子会社なのは有名なお話だ。それを持って、京成沿線民は自らがディズニーリゾートを保有しているかのように胸を張る。

だが、すでに株式の時価総額はオリエンタルランドが京成電鉄を上回る親子逆転状態。建前はどうあれ世間の目は「オリエンタルランド＞＞＞＞＞京成」なのである。

京成電鉄の本質は鉄道路線にあらず！

むしろ、京成電鉄は戦後倒産寸前までの経営難に追い込まれた時期があり、それを救ったのがオリエンタルランドだったことは忘れてはならない。

京成本線建設のきっかけは、成田山新勝寺への参詣客輸送である。ただ、国鉄総武線・成田線との競合もあって経営状態はけして芳しくなく、さらに都心部乗り入れを東武鉄道と競い合った結果、敗れた上に疑獄事件を引き起こすという体たらくだった。

おかげで当然経営も苦しく、倒産間際の状態に落ちたというが、それを救ったのが何を隠そう「谷津遊園」である。

谷津遊園は、今では谷津バラ園として残滓が残るくらいであるが、戦前から戦後にかけては先進的な遊園地として人気だったという。

戦前には、この地で読売ジャイアンツの前身になった全日本チームが初練習を行ったとかで、京成電鉄は戦前期に読売ジャイアンツの主要株主に名を連ねていた。今も谷津公園内には「読売巨人軍発祥の地」なる碑が残っている。そう言えば、あの読売ジャイアンツ終身名誉監督の長嶋茂雄も佐倉高校時代には京成本線で通学していたとか。巨人ファンは千葉に平伏すべし、である。

それはさておき、谷津遊園に救われた京成も、戦後は再び経営難の時代に陥った。それもこれも、ほぼ全線に渡って総武線と競合する上に、千葉〜成田間は沿線人口も少ないド田舎だから、鉄道事業収入なんてほとんど見込めない。

さらに都営浅草線との直通運転を行うために全線で線路幅を変更する改軌工事を手がけたりしたものだから、経営状況は悪化の一途であった。この時の救世主が、オリエンタルランド、ディズニーランドである。

ディズニーラインド開園に伴って谷津遊園は閉鎖され、働いていた従業員らは、そのままディズニーランドのキャストに転身したというエピソードもなんとなく京成らしいお話である。

ともあれ、谷津遊園、ディズニーランドという二大遊園地のおかげで命運を保ち、今に生きながらえてきたのが京成電鉄の本質なのである。

行商列車もそうであるように、全体的に漂う京成の〝千葉感〟。小岩から千葉の間は完全に総武線と並行して走っているのに、京成の駅前と総武線の駅前には圧倒的な格差も感じられる。

一体なぜこうなったのか？

それは京成の本質は谷津遊園・ディズニーランドにあって、鉄道路線ではないからなのである。

LINE DATA

路線・混雑率	130%
路線・運賃収入	378億3165万円
家賃相場	5.9万円
沿線㊙スポット	歓楽街（京成上野）、ディープ風俗（京成小岩）、ギャンブル施設（船橋競馬場）ほか

犯罪発生度	★★☆☆☆
メディア好感度	★★☆☆☆
勘違い住民度	★★☆☆☆
住民貧困度	★★★☆☆
生活不便度	★★★☆☆

千葉の周辺都市を結ぶ
カーブだらけの〝誰得〟路線

新京成線

団地を結んで人が群がったのも今や昔、沿線の高齢化が問題

正式名称	新京成線
営業区間	松戸～京成津田沼
開業年	1947年
営業キロ	26.5㎞
駅数	24駅

松戸から京成津田沼まで、習志野台地をクネクネカーブを繰り返して走る新京成線。その名から分かる通り京成電鉄の子会社で、終戦直後に陸軍鉄道連隊の敷設した演習線の払い下げを巡って西武鉄道と熾烈な争いを展開した結果、地の利もあって無事に勝利して新京成線となった。カーブしまくっていた演習線をそのまま引き継いだため、今の新京成線もカーブだらけというのは教科書にも載るほど有名なお話だ。新幹線やら東海道線やらの

大幹線ならともかく、田舎の一介の私鉄路線が教科書に載るというのは意外とスゴイことで、新京成沿線住民はそれを誇りにしているらしい。

この必要以上に所要時間がかかるカーブだらけの線形も問題なのだが、むしろ深刻なのは沿線住民の高齢化。鉄道連隊の演習線を継承したということは、戦前の沿線地域には陸軍の演習場が広がっていたということで、沿線には住宅地なんて微塵も存在しなかった。その状況が新京成開通によって一変。戦後の新京成線沿線は首都圏でも屈指の団地群となった。常盤平、五香、高根公団あたりはその代表格である。

この団地群登場のお陰で新京成は大いに栄え、経営難に陥っていた親会社の京成電鉄を差し置いて好況に湧いた。オリエンタルランドがまだ登場していない時代、団地住民によって賑わう新京成は、京成電鉄の星だったのである。だが、幸せは長くは続かない。他の団地群同様、高度経済成長期に入居した人たちは軒並みお年寄りとなり、孤独死問題がNHKで特集されるほど悲惨な状態に陥った。

よくよく考えれば、そもそも津田沼と松戸を結ぶという〝誰得〟なルートもそうだし、直接都心部には行けずに乗り換えを必要とする弱点を持つ団地群を選んで暮らす人たちは、どちらかというと〝負け組〟である。なにしろ高度経済成長期は団地ブームであり、都内にだって多くの団地が建設された。東武伊勢崎線沿線しかり、都心に直通する路線沿線も同様である。そんな中、新京成沿線の団地に入居した人たち、推して知るべしである。

結果として、今の新京成沿線は、首都圏でも屈指の高齢化タウンとなってしまった。おかげで、地価が安いとか、福祉が充実していて意外と住みやすいという評判も聞くには聞くが、それとて地元の精一杯のイメージアップ作戦だ。それに乗ったのかどうなのか、最近の新京成は車両をピンク色に改めてイメージ刷新を図っている。

戦後日本の繁栄の暗部を今に伝える高齢者だらけの団地群と、そこに暮らす人々が乗るピンクの電車。いやはや、もはや気色悪いだけである。

LINE DATA

路線・混雑率	125%
路線・運賃収入	不明
家賃相場	4.8万円
沿線㊙スポット	小風俗街（松戸）、歓楽街（新津田沼）ほか

犯罪発生度	★☆☆☆☆
メディア好感度	★☆☆☆☆
勘違い住民度	★★☆☆☆
住民貧困度	★★★☆☆
生活不便度	★★★☆☆

終着駅は誰も知らないけど
スカイツリーバブルで上向き？

東武伊勢崎線

正式名称	東武伊勢崎線
営業区間	浅草〜伊勢崎
開業年	1899年
営業キロ	114.5km
駅数	55駅
愛称	東武スカイツリーライン

日本一の電波塔にSL運転開始……今や東武鉄道イチオシ！

「伊勢崎線」の名前がすっかり馴染んでいたかと思いきや、今の東武伊勢崎線は東京スカイツリー開業にともない、「東武スカイツリーライン」と呼ばねばならないらしい。

この路線名が適用されるのは東武動物公園駅までなのだが、実質そこから先は、よほどの機会がなければ乗車するようなこともない秘境地帯。そこに引っ越す可能性も、ほとんどの人はゼロだろう。だから伊勢崎線とは、今やスカイツリーラインなのである。

さらに業平橋駅は駅名が「とうきょうスカイツリー駅」に。それもこれも東京スカイツリーのせいなのだが、変わったのは路線名や駅名だけでなく、東武鉄道は大手私鉄の中でも指折りの増収企業となったのだとか。

さらに日光まで至れば、新たなＳＬ「大樹」まで運転を開始して、観光客誘致にやたらと熱心。鬼怒川線には「東武ワールドスクエア駅」なる新駅も誕生したというから、東武鉄道の勢いは凄まじい。スカイツリー完成時、「あんなものを建てたって、押上くんだりまで誰が登りに行くんだ」と鼻で笑った自らの不明を恥じるのみである。

さらに東武伊勢崎線……もとい東武スカイツリーラインには、鉄道ファンも納得の大きな特徴がある。それは、北千住～北越谷間の長大なる複々線。実に18・9キロに及ぶのだが、これはＪＲを除くと日本の鉄道では最長の複々線区間である。

……この複々線区間はこうして誇らしげに取り上げられることが多いが、実際のところＪＲを除くとそもそも複々線区間自体が極めて少ないのだから、あまり威張れるものでもないと思うのだが、これは余談である。

そしてこの複々線区間を最大限に活かして、北千住駅からは東京メトロ日比谷線、押上駅からは東京メトロ半蔵門線へと直通運転を開始。半蔵門線方面からは東急田園都市線にまで乗り入れている。日比谷線系統もかつては中目黒駅から東急東横線に乗り入れていたが、こちらは東京メトロ副都心線に奪われて、今では同じ東武でも東上線との直通運転となっている。

ともあれ、地下鉄2路線への直通運転を行っているのは、なかなかのものと言える。だが、これは東武スカイツリーラインが艱難辛苦の歴史の歩みの末にようやく掴んだ、宿願だったりするのである。

長い長い複々線に見るスカイツリーラインの隠れた実力

よくよく考えてみれば、東武スカイツリーラインの始発駅は浅草である。

かつては東京一の繁華街として知られた浅草も、今では日本人よりも外国人観光客ばかりが目立つ観光地になってしまったが、そんな中途半端な場所の始発駅ではいくらなんでも利便性が悪すぎる。

実は東京都内に乗り入れる大手私鉄の主要路線の中で、山手線の駅に接続していないのはスカイツリーラインだけ。そう考えれば、浅草駅という始発駅は実にやるせない。

そんなわけで、東武鉄道は長年都心進出を会社の悲願としてきた歴史を持つ。ただ、都内はともかく沿線にはさして大きな町があるわけでもなく、日光街道に沿うとは言っても沿線人口も少ない戦前の東武鉄道にとって、都心進出は夢のまた夢であった。

東武スカイツリーラインは１８９９年から１９３１年にかけて開通した路線で、19世紀からこの地域に路線を持つ大手私鉄は東武だけなのだ。

実は、１９０６年に全国の私鉄を国鉄化する鉄道国有法が公布されており、その審議の過程では東武鉄道も買収対象に含まれていた。

だが、貴族院議員に強いコネを持つ根津嘉一郎が社長を務めていた関係で買収を免れている。ここから分かる通り、他の大手私鉄のように大きな都市と都市を結び地域輸送を充実させるというよりは、むしろ長距離輸送を旨とする国鉄の路線に近い存在だったというわけだ。

そんなことから、なかなか沿線開発も進まず都心進出も叶わなかった東武鉄道。それが

東京スカイツリーの完成で、一気に花が開いた東武伊勢崎線。

一変したのは戦後の高度経済成長期で、1962年に日比谷線との相互直通運転が開始する。これで形は違えど都心進出を果たすと、悩みのタネだった沿線人口の少なさという問題も一挙に解決に至る。

松原団地を始め多くの団地が沿線に建ち並ぶようになり、伊勢崎線は首都圏屈指の混雑路線になったのだ。その混雑緩和を目的としたのが、北千住～北越谷間の長い長い複々線というわけだ。

2003年には半蔵門線への直通運転も開始されて今の運転系統が完成。こうしてスカイツリーラインは通勤客で満員の路線となった。

スカイツリーラインの東京区間はヤバい場所だらけ

つまり、沿線の町を見ていくと、その起源こそ日光街道の宿場町にあるにせよ、本格的な発展は戦後以降ということになる。

沿線最大の街といえるのは、春日部や越谷。春日部のクレヨンしんちゃん感はハンパじゃないが、一介のしがないサラリーマンでも一戸建てを構えることができるあたりに、春日部の地位がうかがえる。越谷周辺はレイクタウンなる一大商業施設があったり、いくらかの風俗店もあるようなプチ歓楽街がある町だ。

しかし、実際に東武沿線の住民はそのまま地下鉄に直通して都心部に出ることが多いので、ショッピングも風俗も沿線需要は少なめ。その点では、「東武＝民度低め」というイメージに反して、意外とスカイツリーラインの乗客の民度は悪くない。

ただし、厄介なのは東京都内だ。荒川を渡って足立区を縦断するように走るのだが、このあたりは東京屈指のＤＱＮタウンである。竹ノ塚駅は開かずの踏切で度々犠牲者が出ているいわくつきだが、それもこれも「遮断器が降りているけど渡っちゃえ」というとんでもない思想の人が多いからとも言える。

堀切・北千住あたりは伝説の学園テレビドラマ『3年B組金八先生』の舞台である。毎度毎度とんでもない問題児だらけの3年B組だったが、この地域の中学校なら、あながちウソとも言いきれない。そして小菅に至っては、こうしたDQN犯罪者が収容される東京拘置所の最寄り駅である。

つまり、東武スカイツリーラインに乗ったり沿線に暮らすなら、都内は絶対NGということ。都内の駅で中途半端に途中下車をすることなく、地下鉄直通を利用して、うまく都心部まで通り抜けることが肝要なのである。

LINE DATA

路線・混雑率	150%
路線・運賃収入	不明
家賃相場	5.8万円
沿線㊙スポット	東京拘置所（小菅）、人妻売春（竹の塚）、裏風俗街（草加、新越谷）ほか

犯罪発生度	★★★★☆
メディア好感度	★★☆☆☆
勘違い住民度	★★★★☆
住民貧困度	★★★★☆
生活不便度	★★☆☆☆

ギャンブル都市を結ぶ、首都圏北東部の外環〝ド田舎〟路線

東武野田線

正式名称	東武野田線
営業区間	大宮～船橋
開業年	1911年
営業キロ	62.7㎞
駅数	35駅
愛称	東武アーバンパークライン

「ツイソースライン」「キッコーマンライン」でいいじゃん

ただでさえ場末感・ギャンブル臭が強い田舎路線として知られるJR武蔵野線の、さらに外周を走って船橋と大宮を結ぶ東武野田線。こちらも伊勢崎線が東武スカイツリーラインと言うように、「東武アーバンパークライン」と呼ばないと、沿線住民から怒られるらしい。アーバンパークというコトバに一体どんなイメージを込めたのか知らないが、そのままに受け取れば〝緑豊かな郊外〟ということだから、まあド田舎ということである。な

まじっか都心部に近いから都会的なイメージを含んでいるようではあるが、所詮は田舎町を走る路線であることを忘れてはならない。

沿線最大の街は柏駅。常磐線のページ（39ページ）でも触れた通り、柏は「東の渋谷」の異名を取る、チバラキ民のおしゃれタウンである。ただ、柏駅の本流は常磐線であるから、野田線沿線住民が柏に遊びに行こうものなら「あいつ醤油くせえ」と馬鹿にされるのがオチである。

ならば本当に醤油くせえのか。もちろん野田市以外なら醤油くせえことはないのだが、野田市駅やその周辺には醤油の臭いが立ち込めていることはれっきとした事実だ。そもそもで言えば野田線だって、野田で作られる醤油を運ぶために建設された路線だから、アーバンパークラインではなく「ソイソースライン」「キッコーマンライン」とでも名付けたほうがお似合いなのである。

もちろん郊外の拡大に伴って、今では野田線、もといアーバンパークライン沿線には、少しの醤油工場と住宅地ばかり。田園地帯はほぼ姿を消している。ただし、戦前の醤油工場と田園地帯だけだった時代の名残で、多くの区間が単線のまま。

宅地化進展によって今さら用地を買収して複線化することは難しく、輸送量には限界がある。そのため、イメージに反して朝のラッシュアワーは意外と混雑しているのは残念な特徴といえるだろう。

ちなみに野田線、もといアーバンパークラインは、埼玉県と千葉県を走っているのだが、埼玉県内はさいたま市・春日部市のわずか20・6キロ。残る42キロは千葉県内を走る。

さらに歴史的には、東武鉄道に吸収されるまで京成電鉄と資本関係があったという。そのためなのか、今でもアーバンパークライン沿線には、そこはかとなく京成沿線にムードが漂っている。

京成・総武線ルートと常磐線ルートを結び、千葉の本流とチバラキ民の相互交流を促すという重要な役割も持っているのだが、東京方面ばかりを向いている両沿線住民にとっては、野田線なんて知ったことではないだろう。

LINE DATA

路線・混雑率	143%
路線・運賃収入	不明
家賃相場	4.9万円
沿線㊙スポット	歓楽街（大宮、柏、船橋)、ギャンブル施設（大宮、船橋)、醤油工場（野田市）ほか

犯罪発生度	★★★☆☆
メディア好感度	★☆☆☆☆
勘違い住民度	★★☆☆☆
住民貧困度	★★★☆☆
生活不便度	★★★☆☆

〝池袋＝埼玉植民地〟を加速させた東武帝国の独立路線

東武東上線

正式名称	東武東上本線
営業区間	池袋～寄居
開業年	1914年
営業キロ	75.0㎞
駅数	38駅

東上線の本性を覗けるのは、和光でも川越でもなく……

東武鉄道の路線網の中で、伊勢崎線系統とは一切接続していない、独立路線たる東武東上線。池袋から西に伸びる鉄道路線にはもうひとつ、西武池袋線がある。所沢・川越と行き先こそ違うものの、いずれも埼玉県と池袋を結ぶ役割を果たしており、〝池袋＝埼玉植民地説〟の根拠を作ってしまった。

そんな東武東上線は、今では和光市駅から東京メトロ副都心線に直通運転をして、新宿や渋谷、そして横浜方面までつながっている。これは西武池袋線も同様なのだが、大きな違いがその沿線環境である。

東武東上線が通る主要な街は、板橋・和光・川越。川越と言えば〝小江戸〟などと呼ばれて「調子に乗っている街ベスト5」に入りそうな首都圏日帰り観光地である。その〝小江戸〟の誇りなのかなんなのか、「霞ケ関駅」というどこかで聞いたことがあるような駅まであるが、もちろんその駅前には官公庁街も高層ビルも建っていない。

ただ、そんな小江戸川越あたりまでは、東上線にとってまだまだ序の口だ。電車はさらにその果てを目指し、坂戸やら東松山やら、あまり耳に馴染みのないような町が並ぶ。そして多くの列車の終点になっている駅こそ、副都心線に乗ったことがある人なら必ず目にしたことがあるだろう、森林公園駅。森が生い茂っている自然豊かな公園を想起させる。

それは別に間違いではないのだが、森林公園駅から国営武蔵丘陵森林公園まではかなりの距離があり、とうてい最寄り駅とは言い難い。むしろ、森林公園駅やそのお隣、つきのわ駅あたりにはニュータウンが広がっていたりする。だが、このニュータウンが実に不気味なのである。

死んだ魚の目をしたニュータウン民で溢れる東武東上線。

戸建てのどの家にも車があるし洗濯物も干してあるし、玄関前の補助輪付きの自転車が小さな子どもがいる家庭であることを教えてくれる。

なのに、なぜか人の気配はゼロ。通りを歩いていても、人の声すら聞こえてこない。このまま歩けど歩けど街並みは変わらず、ふと気がついたら最初に見かけたのと同じ家がある……なんて『世にも奇妙な物語』にありそうな展開すら想像するほど不気味なのである。

別に東上線のニュータウンをけなすつもりはないが、なまじ都心に一本で出られるがゆえ（その上、始発駅に近いからほぼ座れる）、こんな地の果てのような場所にもニュータウンが生まれている。

それこそが、東武東上線の真髄にして恐ろしさなのである。おかげで、朝のラッシュアワーでは、川越付近から乗って座ることはほぼ不可能だ。すでにその頃の車中には、死んだ魚の目をしたニュータウン民で埋め尽くされているのだ。

ちなみに、東上線の路線名の由来は〝東京と上州〟。つまり、この路線はさらに先まで伸ばして上州＝群馬県まで結ぼうとしていたのである。結局、八高線が先行して開通したのでその夢は果たせず、寄居駅が終点に。本当に上州まで路線が伸びていたらどうなっていたのか。

武蔵野台地の北に延々と広がる不気味なニュータウン。想像するだけで背筋が凍る。

LINE DATA

路線・混雑率	138%
路線・運賃収入	561億9977万円
家賃相場	5.5万円
沿線㊙スポット	歓楽街（池袋）、飲み屋街（東武練馬、成増）ほか

犯罪発生度	★★★☆☆
メディア好感度	★★☆☆☆
勘違い住民度	★★★☆☆
住民貧困度	★★★☆☆
生活不便度	★★★☆☆

沿線住民は、うんこに足を向けて寝られない宿命の路線……

西武池袋線

正式名称	西武池袋線
営業区間	池袋〜吾野
開業年	1915年
営業キロ	57.8㎞
駅　数	31駅
愛　称	糞尿電車／黄金電車

昨今のうんこブーム、ルーツは西武池袋線にあった？

『うんこ漢字ドリル』（文響社）なるものが流行っているらしい。なんでもかんでも強引にうんこに結びつけることで、糞ガキ……もとい少年少女のテンションを上げて漢字を覚えさせようという試み、確かに目の付けどころがいい。

ならば、子供に鉄道の面白さと恐ろしさを教えようと思うなら、西武池袋線を引き合いに出すことをオススメしたい。かつての西武池袋線は、こんな異名を取っていた。「糞尿電車」「黄金電車」。そう、西武池袋線はかつてうんこを運んでいたのである。

西武池袋線が糞尿輸送を行っていたのは、主に戦争末期から終戦直後にかけて。もともと池袋線の前身だった武蔵野鉄道も糞尿輸送を行っていたことがあるが、本格的なものは戦争末期である。

戦時体制に突入する中で、都心部のうんこの処理が間に合わず、「田舎に持っていって捨ててしまえ！」という今からすればとんでもない計画のもと、東京市（東京都）に委託されて輸送を行った（実際は田舎の農家で肥やしになったとか）。この糞尿輸送を受け入れる見返りに様々な便宜を図ってもらうことを狙ったというのが有力な説である。

おかげでこの時期、西武鉄道は〝西武農業鉄道〟なる、いかにもな社名を用いている。そしてこの糞尿輸送は、他の私鉄が軒並み東急に吸収される戦時中にしてそれを免れ、西武鉄道王国の礎を築くことに貢献した。だから、西武池袋線沿線に暮らす人々は、うんこに足を向けて寝られないのだ。

ちなみに、この糞尿輸送がきっかけとなって電車の色が黄色になった……というのは真っ赤なウソである。当たり前だけど。

練馬は純然たる農村地帯、大泉学園は大学誘致に失敗……

ともあれ、戦時中にせっせとうんこを運んだ西武池袋線。その甲斐もあって当局の覚えは良好で、戦後まもなく糞尿輸送が廃止されてからも、西武池袋線は大手私鉄西武鉄道の基幹路線としての地位を固めていくことになる。

とは言っても、西武池袋線沿線に人が住んでいたのは、せいぜい今で言う豊島区内が限界。名物が大根であるように、練馬だってほとんどが農村地帯だった。いや、起点の池袋だってむしろ何もない田舎町だった。新宿や渋谷の繁栄とは比べようもないレベルだったのだ。それが、西武池袋線のおかげで発展し、郊外の拡大とともに沿線人口も急増していった。

池袋線沿線の発展のスタートは、うんこ運びよりも前に遡る。大泉学園なる駅は、戦前に西武グループ創設者・堤康次郎が大学を誘致して学園都市化を企てたことから名付けられた。だが大学の誘致には失敗、その大学は国立にキャンパスを構えて一橋大学として今に続く。大泉学園こそ失敗したものの、国立の学園都市開発は堤康次郎が担ったのだから、

歴史的には都民の屎尿処理を請け負って発展してきた西武池袋線。

結果オーライというべきだろう。

学生街という点では江古田駅。日本大学芸術学部や武蔵野音楽大学、武蔵大学が設置され、江古田駅周辺は典型的な学生街になった。

ただ、芸術系の大学がふたつもあるのは良くもあり悪くもあった。芸術系大学は卒業して有名企業に就職して～なんていう普通の大学とは異なり、芸術家気取りでモラトリアムをいつまでも楽しみたいが故に選ぶ進学先である。

おかげで、江古田駅あたりまでの池袋線沿線はおかしなサブカル崩れが住まう街となり、劣化版中央線のような有様になってしまった。江古田、学生時代よりも卒業後に引っ越してくる人が多いという話まであるから、なかなかのモラトリアムタウンである。

江古田からさらに先に進むと練馬駅。ここは石神井公園駅あたりと並ぶ練馬の街の中心で、ゴミゴミした駅前にスーパーや個人経営の飲食店などが建ち並ぶ典型的な私鉄沿線になっている。

さらに先に進めばひばりヶ丘駅に代表される団地群がある。このあたりは戦後になってから本格的に開発が進んだエリアだが、新京成線などの沿線団地が高齢化ゴースト団地化しているのに対して、こちらは団地のリニューアルや団地を取り囲むように戸建て中心の住宅地が形成されたおかげで活気は保たれている。

「TJライナー」(東武)VS「S—TRAIN」(西武)

こうして東京都内を駆け抜けて、武蔵野線との徒歩10分クソ乗り換え駅である秋津駅を出るといよいよ埼玉県へ。西武グループの大本山にして、西武新宿線と池袋線が交差する所沢である。

池袋線と同様に池袋から西に走って埼玉を目指す東武東上線と比べると、西武池袋線は大半が東京都内を走るという〝強み〟を持っている。

ただ、所沢から先は、いよいよ本格的な埼玉シリーズ。所沢は西武ライオンズでお馴染みだし、入間はアウトレットモール。このあたりも駅周辺には住宅地（と自衛隊）が広がっているけれど、私鉄沿線らしい駅前の活気は秋津止まり。このあたりからも、東京都内と埼玉県の間には埋められない溝があることを感じさせてくれる。

とは言え、一本で池袋、そして練馬駅を介しての直通運転で新宿や渋谷まで行くことができるのは、所沢以西でも同じことである。

また、同じ埼玉でも、東武東上線の川越あたりとは地理的なつながりが今ではほとんど途切れている。そのため、所沢・入間・飯能市民はすっかり〝都民顔〟で池袋に押し寄せてくるのである。人呼んで、「埼玉都民」。ただし、千葉都民が東京にこれでもかと擦り寄ろうとするのに対して、なぜかこのあたりの埼玉都民は〝埼玉プライド〟を持っているのが厄介なところ。

その象徴が、埼玉西武ライオンズである。なぜロクなイメージを持たれていない埼玉という地名を頭に冠したのか？

それは埼玉県の誇りだから。通勤先の東京で虐げられ続けてきた埼玉都民は、逆に埼玉を誇るようになったということだろう。その力は意外と大きく、今では西武池袋線沿線の〝東京都内〟もすっかり埼玉都民に侵食され気味である。かくして、練馬も池袋も埼玉都民の植民地となった。

2017年、西武池袋線には「S―TRAIN」なる着席保証サービスのある通勤列車が走り始めた。やたらとメディアでも取り上げられて注目されたが、しかしこれは東武東上線で2008年に登場した「TJライナー」の二番煎じであることも忘れてはならない。

LINE DATA

路線・混雑率	163%
路線・運賃収入	494億5337万円
家賃相場	5.8万円
沿線㊙スポット	歓楽街（池袋）、飲み屋街（練馬）ほか

犯罪発生度	★★☆☆☆
メディア好感度	★★☆☆☆
勘違い住民度	★★☆☆☆
住民貧困度	★★★★☆
生活不便度	★★☆☆☆

解決されない「ホスト&キャバ嬢満載」「開かずの踏み切り」問題

西武新宿線

正式名称	西武新宿線
営業区間	西武新宿〜本川越
開業年	1895年
営業キロ	47.5㎞
駅数	29駅
愛称	キャバクラGO

早朝と夕方、西武新宿線車内が「安い香水臭」に包まれる理由

西武池袋線と並び、西武鉄道の本線筋であるはずの新宿線。だが、なんとも地味な印象は拭えない。それはやはり、池袋線が池袋駅という大ターミナルに接して地下鉄への直通運転をしているのに対して、新宿線が接続する山手線駅はしょせん高田馬場だから、だろう。おかげで池袋線より一段劣ると見られがちで、そのために地方出身の田舎者があまり目をつけないというメリットを持っている。

沿線には風俗関係者が数多く住み、混ざった香水臭がキツめの西武新宿線。

結果、池袋線沿線は地方出身の貧乏人の巣窟（江古田あたりまでのサブカル崩れ臭さは尋常じゃない）なのに対して、新宿線沿線は比較的落ち着いた雰囲気が漂う住宅地である。

こう書くと「新宿線沿線はいいじゃないか！」となるかもしれないが、早朝の下り列車や夕方の上り列車に乗ってみれば、決して褒められるばかりではないことが分かるはずだ。その時間帯の西武新宿線車内には、いかにもその雰囲気をプンプン放つホストやキャバ嬢、風俗嬢がやたらと目立つのである。

それもそのはず、西武新宿線の都心の夕

ーミナルは西武新宿駅。その住所は〝歌舞伎町〟である。

もともと高田馬場どまりだった新宿線だが、習志野の陸軍演習線払い下げを巡って京成と争い、敗れた。だが、見返りとして新宿乗り入れを勝ち取ったために新宿線は西武新宿駅まで延伸した。ゆくゆくは現在のルミネエスト新宿の二階部分にターミナルを設ける予定だったとか。実際、ルミネエストのその部分は、他の階層と比べると頑丈な作りになっている。

しかし、その夢は果たせず、西武新宿線は靖国通りを渡れぬまま今に至っている。そして、西武新宿駅は歌舞伎町の玄関口たる駅になった。ＪＲに乗り換えたり都心部を目指す人は、大抵が高田馬場駅で山手線や東京メトロ東西線に乗り換えるから、西武新宿駅を日常的に利用する人の層はご想像の通り。こうして、早朝・夕方の新宿線は香水の匂いが鼻につく「ホスト＆キャバ嬢列車」になってしまったのである。

なお、ならばそれっぽい女子を見られて目の保養……と期待するのはお門違いである。ハイレベルのキャバ嬢はそもそも西武新宿線沿線に住むわけがない。むしろ地方出身の出稼ぎキャバ嬢のための寮のようなものが新宿線沿線にあるとみるのが正解だ。だから、どちらかというとモチベーションの低いダメキャバ嬢ばかりが新宿線に乗っていることになる。

そんな西武新宿線、並行する西武池袋線や中央線ユーザーには蛇蝎のごとく嫌われているポイントがある。それは、開かずの踏切である。新宿線沿線は鉄道による南北の移動が不可能。そのため、バスやマイカーを利用することになるのだが、これが決まって新宿線の踏切が原因の大渋滞に巻き込まれる。

環七・環八あたりはさすがに立体交差になっているし、今も立体交差化の工事は進行中だ。しかし、はやる気持ちを抑えながら新宿線の踏切通過を待たされた人たちの恨みはなかなか消えないだろう。

こうしてみれば、地味が故に落ち着いた街並みを沿線に持つ西武新宿線は、その実、深い闇を抱えている路線であるということなのだ。

LINE DATA

路線・混雑率	156%
路線・運賃収入	433億2557万円
家賃相場	6.1万円
沿線㊥スポット	大歓楽街（西武新宿)、小歓楽街（高田馬場）ほか

犯罪発生度	★★★☆☆
メディア好感度	★★☆☆☆
勘違い住民度	★★★★☆
住民貧困度	★★★☆☆
生活不便度	★★☆☆☆

西武国分寺線

西武路線網の中で最も歴史が古く、廃止論も根強いローカル線

正式名称	西武国分寺線
営業区間	国分寺〜東村山
開業年	1894年
営業キロ	7.8km
駅数	5駅

何度乗り換えればいいの？　ライオンズファン専用路線？

池袋線と新宿線に注目が集まる西武鉄道。だが、東京西部には国分寺線を始め、複数の〝短い〟路線が通っている。他路線のユーザーどころか池袋線・新宿線ユーザーにとっても馴染みが薄いかもしれない。

馴染みが薄いどころか、そもそも国分寺線と多摩湖線の区別もつかなければ、拝島線なんてJRの路線だと勘違いしていた、なんて人も多いはず。思えば、西武グループの大株

なくてもあまり困る人がいないと思われるガラガラの西武国分寺線。

主だった外資系ファンドのサーベラスは、このあたりの路線を「赤字だから売っぱらうか廃止にしろ！」と西武鉄道に迫ったという話もあった。

大株主の言うことだから実際に赤字路線なのだろうし、確かに日中は乗ってみても驚くほどガラガラ。だから、廃止論が出るのもやむなしと感じてしまう。

――と言うと、最初の反論が待っている。「東京の西側で南北を結ぶ重要な役割があるじゃないか！」

確かにそれはそうなのだが、今では多摩都市モノレールもあるし、ＪＲにだって武蔵野線がある。それに接続があまり優れておらず、国分寺から所沢に出るにも途中の東村山駅で国分寺線から西武新宿線に乗り換えなければならなかったりするから利便性は最悪。そもそも、こんな西の外れで南北の移動をするなんて西武ライオンズのファンくらいである。となると次の反論は、

「東村山音頭ってウチの方だし」

「国分寺線は西武鉄道の路線の中で一番古い路線なのだ！」

となる。ここまでくれば埼玉都民の方がまだマシだと思えるような気がするが、確かにごもっとも。

事実、西武鉄道の路線網の中で最も古い路線は西武国分寺線である。それも開通当時は東村山止まりではなく、今の新宿線も国分寺線の一部として川越までを結んでいた。

つまり、戦前から観光地として名高かった川越へ、中央線から国分寺線経由で行楽客を運ぼうと目論んだ路線なのだ。

さらに、この地域の路線の多くは、観光輸送の色合いが強かった。多摩湖線は多摩湖への観光路線だったし、西武園線もまた多摩湖への観光路線。狭山線は今では西武ドーム、古くはユネスコ村への輸送路線だった。「レオライナー」なる愛称を持つ新交通システム

の西武山口線は、かつてユネスコ村に向かって「おとぎ列車」なる蒸気機関車が走っていた線路跡を再利用したものだ。

つまり、このあたりは今、秩父線を活用した秩父観光に力を入れる西武鉄道にとって、〝観光輸送〟のルーツたる地域であるということになる。

ただし、観光輸送とて、わざわざ国分寺線を使う人はほとんどおらず、利用者の大半は沿線住民だ。沿線は住宅地とは言え、田畑も点在するようなしがない田舎町だから、日中ガラガラになるのも仕方ない。

多摩湖線に至っては、池袋線や新宿線では使わなくなった古い車両が最後のお勤めをする路線になっている。

こうして考えると、〝廃線〟もあながち非現実的ではないということだ。果たして10年後、このあたりの路線は残っているのだろうか。

LINE DATA

路線・混雑率	？％
路線・運賃収入	不明
家賃相場	5.2万円
沿線㊙スポット	ピンサロ街（国分寺）ほか

犯罪発生度	★☆☆☆☆
メディア好感度	★☆☆☆☆
勘違い住民度	★☆☆☆☆
住民貧困度	★★★☆☆
生活不便度	★★★★☆

立川付近の発展にともない収入上昇中！
意外と使える外環路線

多摩都市モノレール線

正式名称	多摩都市モノレール線
営業区間	上北台〜多摩センター
開業年	1998年
営業キロ	16.0㎞
駅数	19駅
愛称	多摩モノレール

無謀な延伸に挑戦するか、ここらへんでと割り切るか

郊外路線のひとつとして、わざわざ多摩都市モノレールを取り上げる必要があるのですか――。そんな疑問の声が聞こえてきそうだが、実は多摩都市モノレール、首都圏の鉄道路線の中では屈指の伸び率を見せている、大繁盛路線のひとつなのである。

とは言っても、「多摩都市モノレールなんて聞いたことないぞ」という人も多いだろう。なので簡単に概略を説明すると、起点は多摩湖の南、東大和市に位置する上北台駅である。

そこから南に進んで西武拝島線と交差し、立川駅の上をまたいで多摩川を渡る。

高幡不動駅では京王線と接続し、終点の多摩センター駅は京王相模原線と小田急多摩線との乗り換え駅にして、多摩ニュータウンの中心駅である。

つまり、多摩都市モノレールの沿線の中で規模の大きなターミナルはJR中央線との乗換駅である立川駅（モノレールは立川南駅・立川北駅）くらいしかないのである。

では、なぜそんな田舎のモノレール路線が栄えているのか？

少し歴史を遡ると、1998年に多摩都市モノレールが開通した当初、この路線は当時盛んだった大学キャンパスの郊外移転という文脈で捉えることができる。

鉄道空白地帯を南北に通った多摩都市モノレールの沿線には、中央大学や明星大学、帝京大学などの郊外キャンパスがあった。おかげで開通時から多摩都市モノレールは、これらのキャンパスへ通学する学生たちを運ぶ路線として大活躍。

そして、しがない多摩地域の一都市に過ぎなかった立川を、学生の集う町として発展させることになったのだ。都心から離れているが故に家賃は安く、学生の一人暮らしにもうってつけ。さらに、その後も多摩地域へのキャンパス移転は加速し、立川と多摩都市モノレールは学生たちで賑わう路線になった。

さらなる利便性を目指す延伸の声。吉と出るか凶と出るか？

そんな郊外キャンパス全盛期もとうに過ぎたが、第二の発展フェーズがここ数年訪れた。それが、立川駅の北側に相次いで登場した商業施設。ＩＫＥＡ立川にららぽーと立川立飛である。

これらの施設は、マイカーではなくモノレール利用を推進して割引サービスを行ったこともあるとか。おかげで多摩都市モノレールの利用者は、ここで飛躍的に伸びることになったという。学生にしろ買い物客にしろ、路線が賑わっているのは、沿線開発を強力に推進するきっかけにもなる。

というわけで、鉄道空白地だったゆえに、発展の遅れていた沿線もモノレールのお陰で人口が増加。今では起終点の上北台・多摩センター両端からの延伸を求める声も大きくなった。

利用者が年々増えて注目路線になっている多摩都市モノレール線。

客観的に見れば、今の状態が多摩都市モノレールの天井であり、人口減少時代に突入する中でさらなる延伸は、せっかくの好況を台なしにする毒まんじゅうである。

だが、現在の賑わいに浮かれた沿線や延伸先は、学生と商業施設といういわば〝輸血〟で賑わっているという実態から目を背けて延伸計画で盛り上がっている次第である。

果たして無謀な延伸は実現するのか。それとも今を〝天井〟として受け入れるのか。そもそも、中央線も日中の運転本数を削減するほど、地盤沈下が進む多摩地域の住民の見る目が問われる多摩都市モノレールなのである。

LINE DATA

路線・混雑率	92%
路線・運賃収入	不明
家賃相場	5.2万円
沿線㊙スポット	歓楽街（立川）ほか

犯罪発生度	★★☆☆☆
メディア好感度	★★★☆☆
勘違い住民度	★★★☆☆
住民貧困度	★★★☆☆
生活不便度	★★☆☆☆

【第三章】知りたくなかった？　首都圏の路線沿線の真実

都心編

老朽化という問題を抱えて走り続けていた東洋初の地下鉄路線

銀座線

正式名称	東京メトロ銀座線
営業区間	浅草〜渋谷
開業年	1927年
営業キロ	14.3㎞
駅数	19駅
愛称	元・東洋唯一の地下鉄道

実は事故の危機が目前？ 主要地を結ぶ正統派地下鉄

東洋唯一の地下鉄道――。そんなキャッチフレーズで、銀座線が大々的にデビューしたのは1927年。それまで、地下に鉄道路線を敷設した例はあったものの本格的な〝地下鉄〟路線は銀座線が初めてだった。

最初に開通した区間は、東京地下鉄道による浅草〜上野間。その後、少しずつ伸ばして行き、東京高速鉄道が建設した渋谷〜新橋間と接続して1939年に全線が開通した。

当時、浅草と上野を結ぶところから始めたのはまさしく慧眼である。浅草は東京随一の繁華街だったし、上野もその玄関口として繁栄を極めるターミナルだった。

そこから先のルートを見ても、今も昔も大東京を象徴する街を走っている。日本橋、銀座、新橋、赤坂見附、青山、表参道、そして渋谷。なんとも個性豊かである。日本橋や銀座は江戸の中心としての歴史を持っているし、新橋はサラリーマンの聖地だ。国会議事堂前駅前後では日本の政治の中心地を通過する。

赤坂から青山、表参道あたりは、戦前までは練兵場があるような町だったが、戦後東京オリンピックを契機に一気に生まれ変わり、今では日本の流行を牽引するオシャレな町だ。そして谷底の町・渋谷では地上に顔を出して空中を走ってホームに滑り込む。銀座線とは、途中下車を繰り返しながら全線乗り通すだけで、東京という大都会のすべてが分かってしまうような、そんな路線である。

ただし、この銀座線が誇る沿線の街々や東洋初という歴史の古さは、懸念すべきポイントにもなっている。

そもそも銀座線だけで東京の主要な街を網羅しているということは、裏を返せば路線の

すでに開業から90年以上が経過し、構造劣化による事故が心配される銀座線。

個性が皆無であるということ。そして、時間を問わず混雑し続けているということでもある。古い路線であるがゆえに、トンネルも小さく、駅のホームも短い。

そのため、沿線の街の規模の割に6両編成と定員も少ない。日中もほぼ3分間隔という高頻度運転でそれを補っているため、列車を待つこともほとんどなくて済むのだが、やはり大都市の代表的な地下鉄路線としては物足りない。

さらに〝古さ〟は深刻である。浅草～上野間は1927年の開業だから、すでに90年以上が経過している。一般的に土木構造物の寿命は半世紀ほどと言われている。

さらに銀座線開通の頃はまだ地下の構造物は少なかったが、戦後の建設ラッシュで地下には深く深く様々な構造物が作られている。フツーに考えれば、銀座線のトンネルは老朽化に加えて地下埋設物の増加で地盤もゆるくなり、事故の危険にさらされていると言えるだろう。90年間にわたって大東京の輸送を支え続けてきた銀座線、そろそろ寿命が来ている可能性は十分にあるのだ。

と、ここまで不安を煽っておいて恐縮だが、実はそれはさして気にする必要がないという説もある。より新しい土木構造物は構造計算などをきっちりやって作っているので、耐用年数などもかなり正確。ただ、それだけ正確に計算することができなかった戦前は、必要以上に頑丈に作ることが多かったという。そのため、銀座線も実はまだまだ大丈夫……という見方もあるのだ。

リニューアル工事で車輛内の趣味がサイアクに？

真偽のほどは分からないが、いずれにしても現在東京メトロは銀座線のリニューアル工事を進めている。この工事のおかげで銀座線の構造物の耐用年数が延びることは間違いなさそうだ。ただ、ここにも落とし穴がある。

東洋初の地下鉄路線である銀座線は近代化産業遺産にも認定されており、現役ながら歴史的な価値も高い。トイレが汚い（むしろトイレがない）、ホームが狭い、改札口が少ない、見た目もあまり綺麗じゃない……といったネガティブポイントは、それだけ歴史的に重要な価値を持つことの裏返しである。ところが、リニューアル工事ではこうした銀座線の古き良き産業遺産たる部分をぶっ潰し、どこにでもあるようなありきたり、そして趣味の悪いデザインへと改められようとしているのだ。

確かに国立競技場（2017年現在作り直しているけど）や神宮球場に近い外苑前駅はイベント、試合開催時には危険を感じるほどの混雑を見せる。それがそのままでいいのかというと微妙なところだが、現状を活かして拡張するならまだしも、歴史の面影を潰すとなれば話は別。もちろん、すべてが改悪されるとは限らないが、一体どんな悪趣味な駅に生まれ変わるのかも注目したいところだ。

さらに、主要な街を結んでいるという銀座線最大の強みも、乗ってみればあまり好意的には受け取れない。渋谷や表参道からは車内マナーも知らないDQNな若者が乗り込んで来るし、外苑前駅からはサッカーファンと野球ファンが混在してバトルの火種となる。そこに青山・赤坂の勘違いオシャレ野郎どもが乗車し、国会議事堂前駅前後では日本を動かすクソ役人。新橋駅は心底疲れ切った（そして酔っ払った）サラリーマンで、日本橋や上野あたりからは未だに〝浅草最強論〟から抜け出せないお年寄りに外国人観光客……。

まさに銀座線は人種のるつぼなのである。そんな路線に安心して乗れというのはどだいムリなお話だ。日本、そして東京を悪い方向に導く連中ばかりが乗ってくるわけで、都会人らしくかまとぶっているから車内トラブルこそ少ないが、なんとも言えない窮屈な雰囲気が全線にわたって車内には漂う。

こうやって見ると、銀座線を「アジアでは一番古い地下鉄なんだよ」と胸を張っていいものか。少し疑問に思えてくるのである。

LINE DATA

路線・混雑率	157%
家賃相場	11.6万円
沿線㊙スポット	歓楽街（渋谷、新橋、上野）、旧貧民窟（上野）ほか

犯罪発生度	★★☆☆☆
メディア好感度	★★★★☆
勘違い住民度	★★★☆☆
住民貧困度	★☆☆☆☆
生活不便度	★☆☆☆☆

ぐるりと周回&複雑ルートで
初乗り客は大混乱

丸ノ内線

正式名称	東京メトロ丸ノ内線
営業区間	池袋〜荻窪
開業年	1954年
営業キロ	24.2㎞（本線）
駅数	25駅

銀座線・丸ノ内線の線路内に落ちたら即、感電死!?

「初見殺し」と言われるほど、地方出身者には不親切な東京の地下鉄網。何が不親切って、とにかく路線網が複雑に入り組んでいるのだ。中でも、丸ノ内線ほど初めて東京を訪れて地下鉄を利用する人にとって、厄介な路線はないだろう。

丸ノ内線は池袋を起点に御茶ノ水や大手町を経て四ツ谷、新宿、そして荻窪に向かう路線。つまり、Uの字形のルートでぐるりと都心を周回する。新宿駅で丸ノ内線に乗れば、いつかは池袋駅に着く。ただ、実際にそんなルートは非効率的であり、フツーならば山手線を使う。ところが都心に不慣れで土地勘がない人にとっては、これが簡単なことではない。例えば、四ツ谷駅にいたとしよう。そこから次なる目的地は池袋。ならばJR中央線で新宿まで向かい、山手線（もしくは埼京線）に乗り換えるのが最短ルートだ。ところが地下鉄丸ノ内線には「池袋行き」がある。これに乗ると、東京駅方面に一度向かってぐるりと遠回りをさせられることになるわけだ。もはや〝丸ノ内線あるある〟とも言える定番ネタだが、この丸ノ内線の分かりにくさは、東京の鉄道のややこしさの代表格とも言える。

この厄介極まりない地下鉄丸ノ内線は、銀座線とともに他の路線との直通運転を一切行っていないという特徴を持つ。その理由は、線路の幅（軌間）や集電方式が異なるから。直通運転を行うためには当然、線路幅や集電方式が同じでなければならない。ところが、丸ノ内線の線路幅は他の路線よりも広く、その上集電方式もパンタグラフではなく第三軌条方式というシステムを採用している。これらはいずれも銀座線と共通しているのだが、特に第三軌条方式は要注意。2本のレールに加えてもう1本の高圧電流が流れる〝レール〟が地面に敷設されており、ここから電気をもらう仕組みなのだ。

つまり、万が一ホームから線路に転落してしまったら、この高圧電流が流れる第三軌条に接触、あえなく感電死となる。実際にそんな事故の話は聞いたことがないけれど、銀座線・丸ノ内線を利用するならば心に留めておくべきポイントのひとつだろう。

銀座に埼玉県民を流入させた丸ノ内線の大罪

丸ノ内線が開通したのは、1954年。東京では戦後初めての地下鉄路線であり、銀座線に次ぐ2番目の歴史を持つ路線でもある。計画自体は戦前からあり、銀座線と対面ホームで乗り換えることができる赤坂見附駅の構造は戦前から完成済みだったという。それだけ用意周到に計画されていた路線ということなのだが、実際はかなり無計画に線路を延ばした部分も否めない。

戦前時の計画ルートは、新宿から四ツ谷を経て日比谷や築地、御徒町を通って大塚まで。赤坂見附〜四ツ谷間の工事は実際に1942年に着工されるも、戦時体制につき中断されている。そして、戦後になってから再び計画が動き出したが、予定ルートは大幅に変更。

銀座線に次ぐ２番目の開業の丸ノ内線。田舎者には難解な路線の代表格だ。

1949年にひとまず池袋～神田間で建設を開始した。と、ここでお気づきの人もいるだろう。今の丸ノ内線は神田なんて通っていない。これは、実際に着工したはいいものの、予算・技術的に、とても神田を経由することはできない……というわけで大手町方面に方向転換し、今の東京駅経由のルートが完成したというわけだ。

このルート変更が良かったのか悪かったのかは分からないが、このおかげもあって丸ノ内線は有楽町駅付近で少しだけ山手線東外側に顔を出すことになり、その位置に銀座駅が設けられている。銀座の中心地からはやや離れているものの、新宿や池袋から銀座方面へのアクセスは丸ノ内線が最善。特に池袋→銀座のルートは埼玉県民に好評を博し、モダンボーイ・モダンガールの集う銀座の街に埼玉県民が進出するという結果をもたらした。それが銀座の質を下げたのか上げたのかは、あえて触れないでおこう。

中央線沿線に住めないサブカルかぶれたち

なお、丸ノ内線というと都心部の人は「池袋〜新宿」というイメージが強いかもしれない。だが、実際には新宿からさらに西、青梅街道の地下を走って荻窪駅までを結んでいる。途中には中野坂上、新中野、新高円寺、南阿佐ヶ谷などの各駅。中野坂上から方南町方面には支線まで延びている。

この新宿以西の区間、当初は「荻窪線」という名称で丸ノ内線から外れていたが、1972年に丸ノ内線の一部に昇格している。それだけ最初は軽く見られていた区間ということでもあり、実際に今も沿線の地価や家賃相場はやや安め。それに目をつけた地方出身者が新高円寺駅あたりに安アパートを借りて、「高円寺に住んでる」とドヤ顔をすることは、今も日常茶飯事である。もちろん新高円寺から高円寺までは、徒歩圏内といえば徒歩圏内だ。

とは言え、高円寺のうっとおしいほどのサブカル感はだいぶ薄れており、丸ノ内線沿線はいわばごく普通の住宅地である。そもそも「高円寺に住んでる！」なんて生粋の東京人からしたらお笑い草なのだが、それを新高円寺ごときで「高円寺の住人」ヅラをされたら、もうたまらない。内心では「ああ、どっちもどっちの田舎者ね」と見下されていることを自覚したほうがいいだろう。

もともと青梅街道沿いで戦前から路面電車が走っていたこともあって〝荻窪線〟沿線の宅地化の歴史は意外と古い。むしろ、戦後のモラトリアムバカのおかげで発展した中央線の高円寺より、由緒正しいと言っていいくらいだ。だから、変に高円寺に擦り寄らず、「青梅街道の方に住んでます」と言った方がいくぶんマシであることを最後に付け加えておきたい。

LINE DATA

路線・混雑率	161%
家賃相場	10.0万円
沿線㊙スポット	繁華街（新宿、池袋）、ゲイタウン（新宿三丁目）ほか

犯罪発生度	★★★★☆
メディア好感度	★★☆☆☆
勘違い住民度	★★★☆☆
住民貧困度	★☆☆☆☆
生活不便度	★★☆☆☆

数多くの爆弾を抱えた都心部でいちばん〝危ない〟地下鉄路線

日比谷線

正式名称	東京メトロ日比谷線
営業区間	北千住〜中目黒
開業年	1961年
営業キロ	20.3㎞
駅　数	21駅

半世紀近く連れ添った東急東横線に見捨てられ……

１９５９年５月に着工し、１９６４年の夏までに全線開通を果たした日比谷線。もちろんこれは東京オリンピックに間に合わせるという絶対的使命があったため。おかげで戦前に開業した銀座線を含めた東京の地下鉄全路線の中でも、最も土木構造物の老朽化に〝不安〟を抱えている路線という説がある。確かに、実際に日比谷線に乗ってみればあちこちガタがきているのがよく分かる。実は銀座線以上の危険路線は日比谷線なのかもしれない。

そんなハイリスクな日比谷線が結んでいるのは、北千住から中目黒。途中には上野や秋葉原、銀座、六本木などがある。北千住駅では東武伊勢崎線（あ、スカイツリーラインか）と直通運転を行い、最大で南栗橋駅まで向かうこともある。一方で、中目黒からは2013年まで東急東横線に直通運転を行っていたが、東横線が副都心線への直通を始めたことで日比谷線はバッサリ切り捨てられた。

これで喜んでいるのが、東武スカイツリーライン沿線の利用者である。これまでは双方向から直通列車が走る関係でスカイツリーライン内完結（北千住行き）の列車が多かった。さらに車内では東横線直通客に「ああ、田舎者ね」という冷たい視線にさらされるのが常だった。そんな毎日から開放されて、今の日比谷線は東武沿線住民の独壇場となったのだ。

ただ、日比谷線という路線そのものの価値で見れば、東横線との直通運転が終わったことはあまりにもダメージが大きいと言える。それ以前に、東武との直通運転は半蔵門線に半分奪われており、さらに東急からは目黒線が南北線・都営三田線への直通を行うようになっている。これにより、〝東武沿線もしくは東横沿線なら日比谷線〟という日比谷線開業以来のお決まりが崩れ去り、そこに来て命綱だった東横線も日比谷線を切り捨てた。日比谷や霞ケ関あたりに通勤したい東武沿線の住民〝だけ〟にありがたがられる路線となってしまったのだ。ならば空いてていいじゃないか……と言いたいところだが、実際はクソも出ないほどに混雑しているから、たちが悪いのである。

問題だらけの停車駅、車両内は埼玉県民と外国人だらけ

そんな苦難の日比谷線だが、最近は東横線沿線住民の利用が減った反面、新たな客層を掴んでいるという。それが、外国人である。

日比谷線沿線には、外国人好みの街が多い。広尾駅あたりは大使館も多く外国人が多く住んでいるし、六本木は言わずもがな。築地駅は移転するのかしないのか、もうどうでもよくなっている築地市場の最寄り駅だし、秋葉原もしかり。そして終点・北千住ひとつ手前の南千住駅は、山谷のドヤ街に近い。今や山谷は、外国人バックパッカー御用達の街となっており、本来の居住者である日本人の貧民たちも追い出されつつあるという。

というわけで、汚らしい身なりの外国人バックパッカーが山谷に宿を定めて日比谷線に

半蔵門線に客を奪われたが、近年は外国人客の利用が増えている日比谷線。

乗り、アキハバラでゲームに興じて築地でマグロ。六本木では我が物顔の黒人集団と交流して悪の道に染まり、困ったときには広尾の大使館に逃げ込むという、〝インバウンド日比谷線テッパンルート〟が生み出されているのである。そう言えば神谷町駅の東京タワーも、いまだ外国人には大人気だとか。

こうして東横線沿線に暮らす（いけ好かない）紳士淑女を駆逐したと思ったら、外国人観光客ばかりが乗るようになった日比谷線。東武沿線住民と外国人だらけの路線なんて、どう考えても御免被りたいものだが、半蔵門線に客を奪われ東急からは捨てられた路線の末路たるやこんなものなのだ。

犯罪多発地帯と超高級住宅街を結ぶ危険性

それに、よくよく路線図を見てほしい。東武スカイツリーラインに直通する北千住側は、前述の南千住や入谷に三ノ輪など、決して治安のよくない地域を走っている。対して、都心部の日比谷や霞ケ関あたりを境に西側となると街の雰囲気は一変。広尾や恵比寿、中目黒なんてオシャレを気取った連中が集まる最先端タウンだ。東京23区内でも屈指の貧困地区と高級おしゃれタウンが共存し、その中間に官公庁街というあたりは、今の日本の現状の課題が浮き彫りになっている路線というべきか。

ただ、当路線を利用して通勤する霞ケ関の住人たちは、東武方面に向けて帰宅する方が多いらしい。この辺は、官僚たちもまだ我ら貧民たちの味方をしてくれるのではないかと、希望を抱かせるお話である。

もうひとつ、日比谷線の欠点を挙げるとするならば、日比谷~秋葉原間。日比谷駅は山手線有楽町駅と隣接している事実上の同一駅だ。で、有楽町から秋葉原までは山手線でものの10分。ところが、日比谷線だと東銀座やら築地やら茅場町やら人形町やら、東側を経由するものだから必要以上に時間がかかる。もちろんこの沿線は、下町も下町、観光客にも大人気だけれど、勘違いして六本木から日比谷線に乗り込んで「一本で秋葉原に行けるね」なんて言っている人を見ると悲しくなるではないか。あんた、遠回りしてるよ。

なお、人形町駅は東武直通を巡るライバル・半蔵門線の水天宮前駅にとても近い。歩けば5分かからない。ところが、直接乗り換えできる連絡通路もなければ連絡運輸も設定されていないので、ここで乗り換えると初乗り運賃が加算されてしまうのだ。その理由は、人形町の地元商店街が反対したから。「ここで乗り換えられるとオラが商店街に来てくれる人が減るじゃねえが」というわけだ。〝地元住民〟とやらのエゴは、日本の害悪である。

LINE DATA

路線・混雑率	155%
家賃相場	10.6万円
沿線深スポット	南千住（ドヤ街）、歓楽街（上野、六本木）、オタク街（秋葉原）ほか

犯罪発生度	★★★★☆
メディア好感度	★★☆☆☆
勘違い住民度	★★★☆☆
住民貧困度	★★★★☆
生活不便度	★★☆☆☆

東側は大混雑、西側は中央線からの避難でいつもグチャグチャ

東西線

正式名称	東京メトロ東西線
営業区間	中野～西船橋
開業年	1964年
営業キロ	30.8㎞
駅数	23駅

国鉄の混雑緩和という目的を失い、日本一の混雑区間へ

鉄道路線の混雑状態を示す「混雑率」という数字。この値で、日本一高い数値を出しているのが東京メトロ東西線である。

区間は木場～門前仲町間で、混雑率なんと199％である。混雑率の目安として、約200％の混雑は「体が触れ合い、相当な圧迫感がある。しかし、週刊誌ならなんとか読める」だそう。いや、ハッキリ言って東西線のこの最混雑区間、週刊誌なんてとてもじゃな

いが読めないでしょうよ。車内で週刊誌を広げていたら白い目どころか殴られる可能性も大アリ。スマホをポケットから取り出そうとしてモゾモゾやっているだけで肘打ちを食らわされるような、そんなレベルの混雑路線である。一体なぜ、ここまでの混雑路線と知りながら、人は東西線沿線を目指すのだろうか。

最混雑区間に挙げられている木場～門前仲町間は、東西線の東側。西船橋～南砂町間は地上区間で、このあたりに広がる新興住宅地から乗車してくる客で東西線車内が大変な事態になっているというわけだ。

ただ、これは東西線開通当初から予想されていたものではない。

東西線が開業したのは1964年で、その時の開通区間は高田馬場～九段下だった。その後両端に線路を延ばして1969年に全線が開通した。建設の目的は、当時すでに問題になっていた国鉄・中央線や総武線の混雑緩和である。建設を急ぐためもあって、特に千葉県内では海岸線に近い〝無人の原野〟を通すことにしたという。

市街地でも住宅地でもないから、「地下にトンネルを通す必要もなく、建設コストも大幅に抑えられる」というわけだ。

大混雑・DQN地区に目をつむれば幸せマイホーム生活も

こうしたエピソードからも分かるように、当時の東西線地上区間沿線は、ほとんど誰も住んでいないような農村地帯だった。海に近く水はけも悪いため、雨でも降れば周辺はぐちゃぐちゃベチャベチャ、ホームで靴を洗う利用者もいたという。

そんな一帯が、東西線の開通によって急速に発達。高層マンションなども相次いで建設され、新興住宅地として注目されるようになっていった。人口はぐんぐん増加し、気付いた頃には、東西線は他路線の混雑緩和という当初の目的はどこへやら。すっかり東京一の混雑路線として有名になってしまったのである。

この東側の東西線沿線、発展は1970年代以降。ただし、海に近いとはいえ、近年高層マンションが建設されているような地域と比べると、歴史が古い。そのため、新しいんだけどちょっと寂れているというか古臭いというか、そんな雰囲気が全体に漂っていることは抑えておきたいポイントである。

葛西駅は江戸川区内における東西線沿線の中心駅のひとつ。某国民的アイドルのメンバ

沿線環境の魅力も高く、利便性もいいが、ガマンすべきところも多い東西線。

ーだった後藤◯希の姉が働いていたというデリヘルも葛西にあるという。まあ、ご想像の通り東西線沿線は比較的DQN度の高い地域なのである。

さらに千葉県内に入れば、わざわざその民度について触れるまでもないレベルだ。東西線開通前に宅地化が進んでいた総武線・京成本線沿線ではなく、都心から離れた千葉県内に住むことを選ばざるを得なかったという沿線住民から想像できることはただひとつである。

とは言え、都心まで地下鉄一本で乗り入れることができるという沿線環境の魅力はかなりのものだ。

大混雑さえ乗り切れば、30分足らずで都心の職場に通勤できるのだ。だから意外と沿線住民の新陳代謝は激しく、他のニュータウンのように高齢化に悩まされることもなく未だに混雑緩和のめどは立っていない。

ダイヤ乱れを加速させる杉並区という問題児

地下鉄東西線の特徴のもうひとつは、西側にある。西側のターミナルは中野駅なのだが、約半数の列車がＪＲ総武線各駅停車に直通して三鷹発着になっている。始発の東西線で座って通勤しようとする哀しきサラリーマンたちがホームに長蛇の列をなしているのは、朝の三鷹駅ではおなじみの光景。この東西線直通は確かに便利である。

だが、問題はＪＲ中央線の人身事故の多さである。一度人身事故が起きてＪＲのダイヤが乱れると、地下鉄サイドは迷うことなく直通運転を打ち切る。これは東西線内にダイヤ乱れを波及させないための策で、至極妥当である。

ただ、そうなると三鷹～中野間の総武線の本数は一気に半分に。中央線のダイヤがほぼ正常化するまで東西線の直通は再開しないから、かなり長時間にわたって三鷹～中野間は運転本数が大幅に減ったままになる。となると、利用者は中央快速線に流れて混雑が加速し、それによってダイヤの回復に一層の時間がかかって東西線直通再開がますます遅れる……となるわけだ。

ならば最初から直通運転なんてやめて、中野止まりの総武線を三鷹まで走らせろと言いたいところだが、それとて杉並区の強い要望で直通運転を実施しているため、JRもメトロも反論できないというから困り者だ。中央快速線の「杉並三駅問題」しかり、杉並区は実に厄介である。

そう言えば、かつて杉並区と東西線の東側の江戸川区は、江戸川区が杉並区のゴミだけを受け入れ拒否したという〝戦争〟を繰り広げたことがあった。その両区を結んでいる東西線は因縁の路線でもあるようだ。

LINE DATA

路線・混雑率	199%
家賃相場	8.5万円
沿線㊙スポット	オタク街（中野)、風俗店（葛西)、ギャンブル施設（西船橋）ほか

犯罪発生度	★★★☆☆
メディア好感度	★☆☆☆☆
勘違い住民度	★★★☆☆
住民貧困度	★★★☆☆
生活不便度	★★☆☆☆

朝の満員時間帯は埼玉VS千葉・茨城「代理戦争」の舞台

千代田線

正式名称	東京メトロ千代田線
営業区間	綾瀬～代々木上原
開業年	1969年
営業キロ	21.9㎞（本線のみ）
駅数	19駅（本線のみ）

北千住からの箱根直通を可能にした千代田線の功罪

人口が急増する東武伊勢崎線沿線のおかげで、直通運転を行う日比谷線は猛烈な混雑。ならばそれを緩和すべくバイパス路線を作らねば、ということで１９６９～１９７８年にかけて開通したのが東京メトロ千代田線だ。そのため、北千住駅では東武伊勢崎線（現在はスカイツリーライン……）や日比谷線と接続している。

簡単に言えば、都心部に向かうなら、日比谷線だけじゃなくて千代田線にも乗り換えてね、という意図のこもった路線だというわけだ。

そんな開通から半世紀近くが経った今の千代田線はどうなっているのか。現在の千代田線は、単に日比谷線のバイパス路線というだけではない、大きな役割を持っている。それは、両端での直通運転である。西側では代々木上原駅から小田急線に直通し、小田急多摩線の多摩ニュータウン住民を都心部に運ぶ役割を担っている。

多摩ニュータウンには他にも京王相模原線が通っており、こちらは新宿を経て都営地下鉄新宿線方面に直通。小田急線・千代田線ルートと競合している気がしなくもないが、どちらも乗り入れ本数がかなり多いことを思うと、うまいこと役割分担が成立しているのだろう。

この小田急線への直通は、意外な形で千代田線にも副産物をもたらしている。それは、小田急線特急ロマンスカーの乗り入れ。「メトロはこね」「メトロホームウェイ」なるロマンスカーが運転されており、休日や平日朝には北千住から箱根観光、平日夜にはホームライナー的な役割の通勤特急として活躍している。北千住から箱根に向かうなんて、箱根の人たちからしたら迷惑極まりないような気もするが、まあ便利であることは間違いない。

「埼玉県民は日比谷線か半蔵門線で都心に向かえ！」

一方で、問題たっぷりなのが東側の直通運転だ。千代田線の直通先は、なんとＪＲ常磐線。上野発着の常磐快速線に対して、千代田線からは常磐線各駅停車に乗り入れる。行き着く先は取手駅だ。事実上、この常磐線区間と千代田線は一体化されており、乗り入れているというよりは同一の路線となっている。そのため、常磐線と並行している綾瀬〜北千住間はメトロの路線にもかかわらず運賃がＪＲの制度に準じた１４０円。メトロの初乗り運賃は１６０円だから、20円安いということになる。

こう説明すると何が問題なのか、という話になるが、実は問題大アリ。１９７１年に常磐線との直通運転を開始した当時は、運賃の高い地下鉄経由を嫌って千代田線にそのまま乗車せず、松戸や北千住で快速線に乗り入れる乗客が続出したのだ。

本来は常磐線の混雑緩和を目指して複々線化、各駅停車を千代田線乗り入れとしたはずが、快速線の混雑がますます悪化する結果となってしまったのだ。これには常磐線沿線住民も「迷惑乗り入れ」と怒り心頭。結局、当時は快速線の運転本数を増やして対応したの

埼玉県民とチバラキ民との間で不毛な争いが繰り広げられる千代田線。

だが、直通で便利になったはずなのに文句たらたらという、常磐線沿線住民の民度がよく分かる事例となってしまった。

今では地下鉄の運賃も安くなり、こうした問題はあまり騒がれることはなくなった。だが、ここに来て生じているのが〝埼玉VSチバラキ〟の戦いである。当初の千代田線建設の目的だった、日比谷線のバイパス路線として今も多くの伊勢崎線沿線住民＝埼玉県民が千代田線に乗り換える。

ところが、常磐線への直通運転のおかげで、千代田線は北千住に到着した時点でチバラキ民で満員状態なのだ。これにチバラキ民は「埼玉県民は日比谷線か半蔵門線で都心に向かえ！」とブチ切れ。一方の埼玉県民は「もともと千代田線は日比谷線のバイパスなんだから文句あるか。チバラキ民こそ千代田線に乗るな」と不毛な争いが展開されているのだ。埼玉VSチバラキなんて、ハッキリ言って都心の人にしたらあまりにもどうでもいい低次元な争い。できればそんな路線には近づきたくないものだ。

千代田線の使いこなしでアナタの〝都会度〟が分かる

ただ、その点で千代田線は安心である。都心部では渋谷や上野、銀座などの主要な町をことごとく避けるように走っている。山手線との接続駅も西日暮里と原宿（明治神宮前）くらいなもの。そのため、両端からの直通列車に乗っている通勤客でもない限り、都心内での移動で千代田線を使う機会は限られるのである。それが「いつ乗っても千代田線はガラガラだよね」という印象につながっている。

というわけで、最後にそんなメトロの路線の中で最も存在感がないと言っても過言ではない千代田線の使いこなしテクニックを紹介しよう。都心のターミナルを避けるように通っているため、不便だと思うのは地方出身者の浅薄な発想である。

実は駅名こそ異なるものの、主要な繁華街に徒歩で行くことのできる駅が思いの外多いのだ。上野や秋葉原に行きたければ湯島駅、東京駅（特に京葉線地下ホーム）なら二重橋前駅、六本木方面なら乃木坂駅から歩くことができるし、銀座は日比谷駅が近い。

つまり、日比谷線は主要繁華街の〝裏側〟を通っているということ。千代田線をうまく使いこなすことこそが、都心部の移動を極めた〝都会人〟の証なのである。

ちなみに、綾瀬〜北綾瀬間には車庫への連絡線を利用した支線が走る。北綾瀬の駅前には環七通りが通っており、そこより北は都内でもまれに見る別世界。歩いているだけで命の危険を伴う犯罪多発地域・足立区の中でもとりわけアブナイ地域である。

「千代田線の支線だって」という気楽な気持ちで訪れても、命の保証はできないのであしからず。

LINE DATA

路線・混雑率	178%
家賃相場	10.3万円
沿線㊙スポット	犯罪多発地帯（綾瀬）、ラブホテル街（湯島）ほか

犯罪発生度	★★★★☆
メディア好感度	★★☆☆☆
勘違い住民度	★★★★☆
住民貧困度	★★★☆☆
生活不便度	★★☆☆☆

いろいろ使い勝手はあるものの東京の地下鉄でいちばん不便な路線

有楽町線

正式名称	東京メトロ有楽町線
営業区間	和光市〜新木場
開業年	1974年
営業キロ	28.3㎞
駅　数	24駅

大ターミナルとの接続を避けた裏ぶれ感

東武東上線と接続する和光市駅から池袋を経て市ヶ谷や永田町、そして有楽町を通って臨海部の豊洲・新木場へ。東京を北西から南東に向けて、斜めに横断する東京メトロ有楽町線。

池袋から都心部へ、という点では丸ノ内線と共通する要素もあって、そこから分かる通り、丸ノ内線混雑緩和を目的としたバイパス路線として建設された経緯がある。

日比谷線のバイパスである千代田線もそうだったように、こうした混雑路線のバイパス路線は都心部での利用を抑えるため、繁華街の〝裏口〟を通ることが多い。そんな中でも有楽町線の〝裏通り〟感はなかなかのもの。都心を貫き他の地下鉄路線と交差する箇所は多いものの、もともと駅があった場所で交差するわけではないので、乗換駅が設けられていない場所も少なくない。

具体的に挙げてみれば、東池袋・護国寺・江戸川橋・麹町・桜田門・銀座一丁目・新富町・辰巳と実に8駅もの有楽町線単独駅がある。

もちろん、いずれも都心部なので、どの駅も周辺には多くの企業や繁華街が広がっているのだが、これらの駅へ行くには、わざわざ有楽町線に乗り換えなければならないのは厄介である。

特に護国寺・江戸川橋あたりは他の駅から歩くにも遠く、かといって有楽町線への乗り換えもそもそも不便と八方塞がりである。だからこそ、バイパス路線としての役割を果たせているのかもしれないが、やっぱり有楽町線は東京の地下鉄では随一の不便な路線ということができるだろう。

北朝鮮ミサイル問題で、いま有楽町線に熱い視線が

そして、有楽町線の話題でしばしば登場するのが〝核シェルター〟の話である。起点の和光市駅は陸上自衛隊朝霞駐屯地、平和台駅は陸上自衛隊練馬駐屯地、市ケ谷駅は防衛省、永田町は国会議事堂、桜田門は警視庁の最寄り駅だ。さらに飯田橋〜市ケ谷前後には、電車の走る線路からも見える広大な地下スペースが。こうした路線の特徴がゆえに、「有楽町線は有事に備えた核シェルター路線であり、さらにいざとなれば朝霞や練馬の駐屯地から戦車を走らせる」……という摩訶不思議な陰謀論がささやかれているのだ。

「飯田橋〜市ケ谷あたりの広大な地下スペースはまさにその証拠！」

陰謀論者は声高にこう叫ぶ。だが、常識的に考えてみればそんなことは断じてありえない。そもそも、最新型の戦車は地下鉄の狭いトンネルを通れるはずもないし、陰謀論者＝DQNが証拠として取り上げる地下スペースだって日中や夜間に列車を留置させるスペースに過ぎない。「でも極秘だから実際は分からない」なんて反論もあるかもしれないが、この留置スペースには土木構造物の点検訓練を行う設備も設けられていて、極秘でもなん

核シェルターに防空壕、さらには秘密通路等々、陰謀論がうずまく有楽町線。

でもない。

ちなみに、こうした陰謀論者向けのエピソードは千代田線にもあって、千代田線国会議事堂前駅は戦前の防空壕を転用したとかなんだとか。これも真っ赤なウソで、防空壕があったのは事実だが、建設工事中に発見されたが工事の邪魔になるので爆破破壊されている。

これは当時の営団が編集した千代田線建設誌にも記されている事実なので、これに「実際は～」と陰謀論を騒ぎ立てる連中がいることが、もはや不思議である。

最近（２０１７年９月現在）は北朝鮮の核ミサイルがいよいよシビアな段階に突入

しており、陰謀論者にしてみれば「夜中の有楽町線のトンネルにはPAC3が走っている」と言いたくなる頃合いだろう。もちろんそんなわけはないし、自衛隊関係者も車で移動するのが当たり前である。というわけで、「有楽町線の秘密って知ってる?」と振ってみて、この核シェルター理論あたりを振りかざしてきたら、そいつはヤバいヤツということ。不便な場所ばかりを走っている有楽町線だが、バカ発見機としての役割は充分に果たすことができそうだ。なお、こうした沿線施設を取り上げて屁理屈をこねるのならば、護国寺の講談社、麹町の文藝春秋などをもってして「出版社路線」ということもできなくはない。もちろん、だからどうした、という話なのだが。

埼玉県民を臨海部に導いたと沿岸ハイソ民から批難轟々?

そんな不便路線&バカ発見器だった有楽町線も、臨海部の発展によってイメージは大きく変わりつつあるようだ。ゆりかもめとの乗換駅である豊洲をはじめ、辰巳や新木場あたりは急速に発展を遂げている。

月島も含め、高層マンションが相次いで建設されており、芸能人やセレブも暮らす注目スポットなのだ。特に世田谷方面に本宅を持つ芸能人が都心（というかテレビ局）に近い有楽町線沿線臨海部に別宅を構えてこちらでゲス不倫に励む……ということも珍しくないらしい。そのため、やたらと週刊誌の張り込み車を見かけるのも、有楽町線沿線の特徴である。そうなれば文藝春秋や講談社に一本の有楽町線はやっぱり有益じゃないか。

そんな冗談はさておいて、新富町あたりも都心に最も近く、保守本流の江戸っ子たちが豪邸を構える街でもある。

有楽町線は、こうした東京東部のおカネモチにとって欠かせない路線というわけだ。東武東上線や西武池袋線から直通しているがゆえ、西側は埼玉県民に荒らされているが、東側はセレブ街だ。ラインカラーのゴールドは、東側ではそのままでOK、西側ではうんこ色とでも言っておこう。

LINE DATA

路線・混雑率	159%
家賃相場	9.6万円
沿線㊙スポット	陸自施設（和光市、市ヶ谷、ほか）、歓楽街（池袋）、豊洲市場（豊洲）ほか

犯罪発生度	★★★☆☆
メディア好感度	★★★☆☆
勘違い住民度	★★☆☆☆
住民貧困度	★☆☆☆☆
生活不便度	★★☆☆☆

壮絶な建設反対運動が展開された
銀座線のバイパス路線

半蔵門線

正式名称	東京メトロ半蔵門線
営業区間	渋谷～押上
開業年	1978年
営業キロ	16.8㎞
駅　数	14駅

建設反対運動を起こした半蔵門沿線住民たち

東京屈指の混雑路線・東急田園都市線と直通し、路線名にもなった服部半蔵に由来する半蔵門の横をかすめて皇居の北側を通り、東京駅の北側で山手線の東側に抜けて錦糸町、そして押上までを結ぶ半蔵門線。渋谷～永田町間で地下鉄銀座線と並行しているが、これは半蔵門線の役割が混雑の続く銀座線のバイパスだったから。有楽町線（丸ノ内線のバイパス）、千代田線（日比谷線のバイパス）と並び、東京地下鉄バイパス3路線のひとつというわけだ。

そんな経緯から、1972年に渋谷～三越前間で着工されて1975年までに開業する予定だった。ところが、実際には最初の区間は予定より3年遅れた1978年。それも、開通したのは渋谷～青山一丁目間というわずか2・7キロに過ぎなかった。翌年には永田町駅までの延伸を果たしたが、三越前までの開業はなんと1989年までずれ込むことになったのである。一体なぜ、これだけ開業が遅れたのか。察しの良い方はお気づきだろう。沿線住民の反対運動である。

鉄道路線の建設反対運動は、思いのほか多い。明治時代の鉄道黎明期、「鉄道建設に反対したからわが町に鉄道が来なかった」という〝鉄道忌避伝説〟が日本各地に跋扈しているが、これはほとんどが眉唾もの。だが、〝個人の権利〟やらがやたらと重視されて左翼系弁護士が闊歩するようになった戦後は、多くの路線が反対運動に晒された。そのひとつが、半蔵門線なのである。

反対運動が特に激しかったのは、半蔵門～九段下間である。成田空港の建設反対運動で〝プロ市民〟たちがやってのけた一坪共有運動までを繰り広げ、地下鉄建設に徹底的に反対したのだ。半蔵門～九段下間と言えば、皇居にもほど近い東京の一等地。都心のど真ん中にありながらオフィス街や繁華街ではなく、どちらかというと住宅地が広がるエリアである。東急沿線の高級住宅地なんて目じゃないほど地価も家賃もバカ高いエリアだ。

皇居や靖国神社にも近い一等地に暮らす人たちと一坪共有運動を繰り広げるような左巻きがどう関係するのかは分からないが、ともかくここにもプロ市民向け弁護士が入り込み、結果として半蔵門線の完成は遅れに遅れた。ならば、半蔵門や九段下あたりに暮らす古い住民たちは、断固として半蔵門線に乗るべきではないと思うのが一般人の発想である。

だが、実際は金と力を手にした連中は自らの利便性は損なわず、その上で少しでも気に食わないことは許さないというスタンスを貫くからたちが悪い。半蔵門線に乗っていて、上品な年寄りが乗り込んできたら、彼らは庶民の敵だと思ったほうがいいかもしれない。

「三越前行き」とアナウンスしない度量の狭さ

そんないわくつきの半蔵門線だが、ややこしいのはこれだけではない。１９８９～１９

営団と東急による長いバトルの舞台となっていた、ややこしい半蔵門線。

90年にかけて、半蔵門線は三越前駅が終点だった。すでに東急田園都市線（当時は新玉川線）と直通運転を行っている。そのため、東急線内の列車でも「三越前行き」と案内すべきところ。だが東急は「渋谷・半蔵門線方面行き」としか案内放送をしなかったのだ。これは、三越前駅の駅名の由来にもなった日本橋三越本店は、東急百貨店日本橋店（現在は閉店）のライバルであり、それを宣伝するかのような車内放送を嫌ったためだという。

その上、いつまでも「三越前行き」が走り続けるのは困るということで、当時の営団に圧力をかけて延伸を急がせたというエピソードまで伝わっている。東京に私鉄沿線文化を生み出したあの大東急にして、実に度量の狭いお話である。

実は営団（現東京メトロ）と東急は、因縁の関係にある。日本初の地下鉄である銀座線は、浅草～新橋間を東京地下鉄道、新橋～渋谷間は東京高速鉄道が建設。それを、東急総帥の五島慶太が東京高速鉄道を買収し、さらに東京地下鉄道まで買収しようとして壮絶なバトルを繰り広げたのだ。結果、喧嘩両成敗ということで、いずれも国に召し上げられて営団が発足した。そして営団・東京メトロは東京地下鉄道を会社の起源としている。つまり、東急は創業時代からの恨み辛みが積み重なった相手というわけだ。

東東京区間はガラガラ、これでもバイパス路線大成功？

とは言え、そんな犬猿の間柄でも、半蔵門線は直通先の東急田園都市線に支えられているというのも紛れもない事実である。乗ってみればよく分かるが、田園都市線に近い渋谷側は昼夜を問わず壮絶な混雑。ところが、徐々に押上側に行くに連れて乗客は減っていき、錦糸町駅を出た頃はほぼガラガラ。終点の押上駅からは東武スカイツリーラインへの直通運転も行っているはずなのだが、旅客は圧倒的に〝東急〟に偏っている。

この時点で、銀座線のバイパス路線としては大成功なのだが、それでも半蔵門線東側の物寂しさはなかなかのもの。そもそも東急線にはほぼ全列車が直通するのに対して、東武線への直通列車は少なく、押上行きも目立つ。それだけ東武沿線住民は、北千住から日比谷線方面に流れているということなのだろう。

最後に、そんな半蔵門線を利用する際のテクニックをひとつ。渋谷駅に向かう場合、半蔵門線でも直接行くことができる。だが、渋谷で山手線や京王井の頭線に乗り換えるならば、地下ホームの半蔵門線からでは実に不便だ。そこで、表参道駅で銀座線に乗り換えるのが吉。表参道駅の半蔵門線と銀座線は対面ホーム乗り換えが可能なのだ。これこそ、バイパス路線の真骨頂と言える。

LINE DATA

路線・混雑率	170%
家賃相場	11.5万円
沿線㊙スポット	歓楽街（渋谷）、風俗街（錦糸町）ほか

犯罪発生度	★★☆☆☆
メディア好感度	★★★☆☆
勘違い住民度	★★★☆☆
住民貧困度	★★☆☆☆
生活不便度	★★☆☆☆

ザ・地味路線！ だがサッカー代表戦の開催日だけはアツい！

南北線

正式名称	東京メトロ南北線
営業区間	目黒〜赤羽岩淵
開業年	1991年
営業キロ	23.6㎞
駅数	19駅
愛称	埼スタ線

埼スタでの試合開催日は絶対に乗ってはいけない……

東京メトロの路線の中では、最も利用者数が少なく印象も薄い、ザ・地味路線の南北線。おかげで都心部を走る路線ながら、一部の時間帯では10〜15分ほど待たされることもある。

さらに、全駅でホームを完全に囲い込むようなホームドアが設けられており、これがホームで列車を待っている間に感じる妙な窮屈感にもつながっているのだ。

また、このホームドアは天井近くが開いている。おかげでトンネル内の冷たい風が流れ

埼玉スタジアムでのサッカー開催日は、車内が「ヒャッハー！」になる南北線。

込み、冬は寒いことこの上ないという弱点も持っているのである。

そんなネガティブイメージの先行する南北線だが、実際には目黒駅から東急目黒線に直通、赤羽岩淵駅からは埼玉高速鉄道線に直通するという強みもある。まあ、実際には目黒線直通ぐらいしかメリットはなく、むしろ埼玉高速鉄道線直通はデメリットという味方もあるだろう。

埼玉高速鉄道線は「埼玉スタジアム線」などという愛称を持ち、行き着くところは愛称の通り埼玉スタジアム２００２である。おかげでサッカー日本代表戦が開催されればブルーのユニフォームに身を包んだサカ豚たちが南北線車内を占拠。埼スタを本拠とする浦和レッズの試合開催日はさらに質が悪く、スタジアムから遠くはなれているにもかかわらず未だに熱狂の中にいるかのごとく、車内でも傍若無人な振る舞いを見せるのだ。

途中から乗ってきた乗客を見つければ、露骨に嫌な顔を向けて赤いユニフォームで取り囲んで次の駅で下ろすような暴挙もいとわない。埼スタでの試合開催日の南北線は、絶対に乗ってはいけない路線に生まれ変わるのである。

ただ、サッカーは野球と異なり試合数が少ないのが救いだ。朝・夕方の目黒〜駒込間こそ混雑を見せるが、それ以外の時間帯や区間はまずガラガラ。東京メトロの駅利用者数ワースト1の西ケ原駅をはじめ、駒込〜赤羽岩淵駅間は利用者数が少ない駅が続くこともあって朝でも座って通勤するチャンスがあるのだ。

田園調布の住民たちは南北線がお嫌い?

では、東急目黒線に乗り入れる南側はどうか。目黒線は田園調布〜日吉間で東急東横線と並行し、東横線のバイパス路線のような役割を持つ。

そのため、東横線から目黒線に乗り換えて南北線に向かう人がいるのだ。ただ、田園調布など東横線沿線住民は、目黒線や南北線に乗り入れることをプライドが許さないのか、比較的空いているのは大きなプラス要素。さらに目黒駅からは都営三田線に直通する列車も走っているので、乗客が分散されるのも南北線にとってありがたいポイントだ。

というわけで、北側のスタジアムに対して最大限の警戒を払えば、意外と使えないこともないのが南北線というわけ。もちろん後発路線であるがゆえ、駅のホームが深すぎるなどの弱点もあるのだが……。

LINE DATA

路線・混雑率	153%
家賃相場	10.2万円
沿線深スポット	歓楽街（赤羽岩淵）、旧貧民窟（四ッ谷）ほか

犯罪発生度	★★★☆☆
メディア好感度	★★★☆☆
勘違い住民度	★★★★☆
住民貧困度	★★★☆☆
生活不便度	★★☆☆☆

「山の民VS海人」――相容れぬ2県民の戦いを招いた新路線

副都心線

正式名称	東京メトロ副都心線
営業区間	和光市～渋谷
開業年	2008年
営業キロ	11.9㎞
駅数	11駅
愛称	東京13号線

埼玉・神奈川両県民の副都心流入がさらに容易に

明治通りの地下を通って渋谷と池袋を結ぶ東京メトロ副都心線。山手線よりもやや東側を走り、新宿付近が新宿三丁目駅である点を除けば、ほぼJR山手線と並行している。つまり、副都心線の目的とは、山手線の混雑緩和を目的としているというわけだ。

さらに池袋から有楽町線に直通して、小竹向原駅からは西武池袋線、和光市駅からは東武東上線に直通運転。一方の渋谷側でも東急東横線に直通しており、東京西側の郊外から副都心を南北に縦貫するというそのルートを見る限り、利便性抜群といっていい路線である。実際、２００８年の副都心線開業時には、それを歓迎する声が多く上がった。

ただ、ひとつ気をつけたいのは、当時はまだ東横線との直通運転は開始していなかったこと。東横線直通は２０１３年に始まったものであり、この時点で副都心線の役割が完成したと言っていい。そして、いよいよ本格的に副都心線の抱える闇が表面化することになったのだ。

勃発した埼玉VS神奈川決戦、舞台は新宿三丁目！

副都心線の闇、それは埼玉VS神奈川の最前線であるということ。そして、その中間たる新宿駅こそ両地域の勢力がぶつかる、いわば川中島のような立場に立たされているということだ。

以前は池袋で乗り換えなければ新宿・渋谷に出ることができなかった埼玉県民にとって、副都心線の開通はまさに悲願成就だった。それまでは池袋によりどころを求めて植民地化

埼玉県民の利便性は大きく向上したが、東横線沿線住民は渋い顔の副都心線。

していた埼玉県民が、こぞって新宿や渋谷への進出を開始したのだ。東急との直通開始まではそれでも特に問題はなかった。「埼玉県の田舎者が渋谷に来てるってw」と、バカにしていれば済んだからだ。

ところが、2013年の東横線直通以来、状況が一変する。今まで、渋谷をわが町としていた東横線沿線住民。しかし、渋谷駅の東横線ホームが地下深くに沈められたために、途中下車をして渋谷の町に出ることへのハードルが高くなってしまったのだ。むしろ、東横線民の目的地は新宿三丁目。渋谷を捨ててさらに北へと進出を開始したのである。

とは言え、長年わが街としてきた渋谷を、埼玉県民に侵食されるがままでは気が悪い。そこで、埼玉県民をいかに新宿三丁目で押しとどめるのかという闘いになったのだ。

当初、この埼玉VS神奈川の醜い争いは、勝手に埼玉側が対抗心を燃やすも神奈川サイドは鼻であしらい相手にせず、という展開が予想された。

ところが、結果は新宿三丁目で天下分け目である。すでに渋谷は「埼玉県の植民地と化した」という説も出てきており、現状は西武池袋線・東武東上線の2路線から乗り入れる埼玉有利の見方が強いだろう。それに、東横線民にとって、池袋進出はプライドが許さない……。

果たして、この戦いの結末はどうなるのか。中央線や小田急線サイドの住民が抑えてきた新宿を舞台に、天下分け目の戦いが繰り広げられている。

LINE DATA

路線・混雑率	146%
家賃相場	8.7万円
沿線㊙スポット	歓楽街（渋谷、新宿三丁目、池袋）、ゲイタウン（新宿三丁目）ほか

犯罪発生度	★★★★☆
メディア好感度	★★★☆☆
勘違い住民度	★★★★☆
住民貧困度	★★★☆☆
生活不便度	★★☆☆☆

空港アクセスは◎だが、都営ゆえの難点も多い路線

都営浅草線

正式名称	都営地下鉄浅草線
営業区間	西馬込〜押込
開業年	1960年
営業キロ	18.3㎞
駅数	20駅

三田・大門で乗り換え可能、浅草・蔵前では乗り換えNG

都営地下鉄浅草線というよりは、「羽田空港に向かう路線」と認識している人の方が多いのではないだろうか。

実際、多くの列車が泉岳寺駅から京急本線に乗り入れており、羽田空港まで向かう列車も非常に多い。さらに途中駅を飛ばす「エアポート快特」なる列車も運転されており、まさに都営浅草線は〝羽田空港アクセス路線〟にほかならない。

ただ、その羽田アクセスの印象度の強さに霞んでいるが、浅草線列車の乗り入れ先は京急だけではない。北側の押上駅からは京成電車に乗り入れて、京成本線直通列車・北総線直通列車まである。最も東では、京成東成田線・芝山鉄道線という超マイナーかつ成田空港の関係者しか利用しないような路線にも乗り入れる。

実に便利……と言いたいところだが、むしろあまりにも行き先が多すぎて、よほど乗り慣れている人でもない限り、自分が正しい列車に乗っているのかどうか自信が持てないという難関路線になってしまっている。

例えば、青砥・印旛日本医大、成田空港、三崎口、西馬込。それぞれどのルートを通ってどこに向かうのか、すべて正確に言い当てることができる人は、日常的な浅草線利用者か鉄道マニアに限られるだろう。

そもそも、三田（田町）・大門（浜松町）のように、山手線駅と乗り換えできるにもかかわらず、異なる駅名を採用している駅がある分かりにくさも困りもの。

また、路線名にもなっている浅草駅は、浅草の中心地（雷門とか）に近いと思いきや結構離れているし、同じ都営地下鉄の大江戸線と乗り換えられると聞いて蔵前駅で降りてみ

行き先が多すぎて一般利用者には難解路線になっている都営浅草線。

れば、改札口の外に放り出されて屋外をテクテク。

それが不便だから蔵前で乗り換える人が少ないので、前の人の後をついていく作戦も成り立たない。

このように、至るところに極めて不親切な要素を抱えているのが都営浅草線なのである。だから、毎日通勤で使わざるを得ないというような人でもなければ、羽田空港に行くとき限定で使うようにするのが賢明だろう。

なお、〝羽田アクセス路線〟のイメージの強さのあまりに存在感が薄れているのが泉岳寺〜西馬込間。西馬込にある車両基地への輸送を兼ねている区間で、まるで支線のような地味さだが、れっきとした浅草線の本線の一部である。終着駅の西馬込駅は実に中途半端な場所にあり、どうせならばせめて東急池上線に接続してほしかった。

そして、この事実上支線化している区間への分岐駅である泉岳寺駅もいわくつき。開通時、泉岳寺という駅名にそれこそ泉岳寺が文句を言い出して、使用差し止めを求めて裁判を起こすというトラブルがあった。

寺側の主張は「泉岳寺〝前〟でなければ寺＝駅と思われる」というヘリクツだ。赤穂浪士の墓もある由緒あるお寺だが、プロ市民に取り込まれては歴史も伝統も台なしである。

LINE DATA

路線・混雑率	131%
家賃相場	9.7万円
沿線㊙スポット	歓楽街（新橋・浅草）、スカイツリー（押上）ほか

犯罪発生度	★★★☆☆
メディア好感度	★★★☆☆
勘違い住民度	★★☆☆☆
住民貧困度	★★☆☆☆
生活不便度	★★☆☆☆

都心の中心を横切っているのに意外に知らない地味路線

都営新宿線

正式名称	都営地下鉄新宿線
営業区間	新宿～本八幡
開業年	1978年
営業キロ	23.5㎞
駅数	21駅

地下鉄ユーザーにそっぽを向かれ続ける（つまり地味な）理由

東京都内を走る地下鉄路線は、東京メトロと東京都交通局の二事業者によって運営されている。全部で13路線のうちメトロが9路線、都営が4路線。で、まあどちらも大東京の中心を走る地下鉄なので、基本的に乗客は多いし運転密度も高い。だが、それでもどうしたって都営の路線は地味な印象が拭いきれない。現在はメトロが民間企業（と言っても株主は国と東京都）なので収益性の良さそうな路線を持っているという考え方もありそうだが、かつてのメトロは帝都高速度交通営団、すなわちほぼ公営企業に近く、収益を考慮したとも言い難い。

いったいなぜ、都営の路線は地味なのか。その理由は、こうした経緯を見てもなかなかハッキリはしないのだが、ひとつの推測としては東京都は後から地下鉄経営に乗り出したことに関係がありそうだ。もともと東京都内に路面電車網を抱えてそれを営業していた東京都交通局は、その都電が地下鉄に取って代わられる中で「全部営団に取られたんじゃたまらん」と地下鉄に手を出した。

こうしたわけで、後発かつ準公営の東京都交通局には、あまり〝いい路線〟は与えられなかったのではないか。

菊川・大島・船堀・瑞江エリアは居住に最適？

そんな推測のもとで都営新宿線を見てみると、まあ実に納得なのである。

まず都営新宿線の特徴は、その1372ミリという線路幅である。基本的に国内の鉄道

いまいちパッとしない地味路線だが、暮らすには意外とおすすめの都営新宿線。

路線の線路幅は1067ミリの狭軌（大半のJR在来線）と1435ミリの標準軌（新幹線や京急・京成など）に大別される。そんな中、新宿線は特殊な線路幅を採用しているのだ。これは、直接的には同じ線路幅の京王線との直通運転を行うためである。

ならば、なぜ京王線はこの線路幅なのだろうか？　京王線はもともと甲州街道上を走る路面電車で、新宿からさらに都内へ向けて都電（当時は市電）に乗り入れる計画があったためだ。

結局、その構想は実現しなかったが、戦後都営新宿線との直通運転にあたって、新宿線側がそれに合わせた線路幅になったというわけだ。

この時、東京都側は「京王線が標準軌に改軌すればいいじゃんか」と圧力をかけたが、京王線側は「そんな工事をする余裕はない！」と、はねつけたというエピソードが残っている。

そんなわけで、東京都側が折れたおかげで、都営新宿線は京王線との直通運転で乗り入れてくる客が大半。そもそも新宿線と言いながらも、起点の駅はＪＲ新宿駅から10分ほど離れた新線新宿駅だ。その時点で極めて不便で、さらに菊川・大島・船堀・瑞江など東京都民でもあまり知らない地域を通る。

江東区や江戸川区の総武線と東西線に挟まれた地域で、新宿線の地味さもあって、実は意外と家賃相場の安い地域である。おかげでインド人が大量発生するなどエスニックタウンの様相を呈しているの部分もあるが、それに目をつむれば意外と住むにはアリなのかもしれない。

LINE DATA

路線・混雑率	158%
家賃相場	8.9万円
沿線㊙スポット	歓楽街（新宿）、ゲイタウン（新宿三丁目）、オタク街（岩本町＝秋葉原）ほか

犯罪発生度	★★★★☆
メディア好感度	★★☆☆☆
勘違い住民度	★★★☆☆
住民貧困度	★★★☆☆
生活不便度	★★☆☆☆

巣鴨から北が本番？
都内を南北に縦断する便利路線

都営三田線

正式名称	都営地下鉄三田線
営業区間	目黒～西高島平
開業年	1968年
営業キロ	26.5㎞
駅　数	27駅

薄暗いホーム、ボロボロの壁、行き先は高島平団地……

「都営新宿線」のページでも触れたように、同じ東京の地下鉄事業者であっても、東京メトロと東京都交通局の間では厳然とした〝格差〟が存在する。その格差をしみじみと感じさせてくれる路線こそ都営三田線である。

三田線の歴史をたどると、その開通は１９６８年である。巣鴨～志村（現高島平）間だった。その後、路線を延ばして１９７３年には三田まで延伸。これでひとまず三田線の建設は一段落している。高島平と言えば、ご存じ高島平団地の玄関口である。高島平団地は一時期、自殺の名所としても名を馳せた過去を持ち、その高島平に向かう三田線のホームは薄暗く壁はボロボロで、あちこち雨漏りもしている。

その上、車内もなんとなく薄暗く、「ああ、この電車に毎日乗っていたら死にたくもなるよな」と思った人も多いはずだ。山手線との接続駅は〝おばあちゃんの原宿〟の異名を取る巣鴨駅くらいなものだから、それでは決して明るく爽やかなイメージにはならないだろう。

三田線の夢を奪った営団、夢を実現させた東急

そして、さらに三田線の悲劇を教えてくれるのが、高島平から〝先〟の見果てぬ夢である。もともと三田線は、東武東上線と直通運転を行う計画があった。

そのため、車両も東武鉄道のものをベースにした保安装置を搭載したり、終点の西高島平駅も和光市方面に延伸可能な構造にしている。今も三田線は山手線外の巣鴨〜西高島平

東京メトロとの悲しいまでの格差を感じさせる、枯れた路線の都営三田線。

間の方が山手線内よりも長く、〝巣鴨を出てからが本番〟とされるほど。

冷静に考えれば、いくら団地があるとは言っても、直通運転の計画でもなければ巣鴨駅から約12キロも先の高島平まで線路を延ばすはずがないのだ。

ところが、そんな三田線の計画に異を唱えたのが、ライバルたる営団だった。そして営団は、強引に東武東上線直通の役割を奪い取り、有楽町線が東武東上線に直通することになったのだ。

こうして三田線は、高島平の団地の西端で虚しく途切れたままとなった。いつでも延伸できそうな西高島平駅の構造は、そんな三田線の悲哀を今に伝えているのだ。

そんなわけで、三田線はオシャレ勘違い大学生が集う慶應大学三田キャンパス最寄り駅を抱える路線ながら、2000年代まで赤字続きだったという。

そんな三田線を黒字化したのは、2000年に開始された東急目黒線との相互直通運転だった。長らく終点だった三田駅から目黒駅方面に線路を伸ばし、念願の東急直通を実現した。

ただ、三田線沿線にはせいぜい日比谷や大手町があるくらいなもの。喜んだのは三田・日吉の両キャンパスが結ばれた慶應大学の学生ばかりという噂も……。

いずれにしても、バリアフリーどころかホームや通路の壁面がボロボロ剥がれる三田線の古臭さは、東急に直通する今になっても改められる気配はない。

LINE DATA

路線・混雑率	156%
家賃相場	8.8万円
沿線㊙スポット	旧自殺の名所（高島平）、ピンサロ街（巣鴨）ほか

犯罪発生度	★★★☆☆
メディア好感度	★☆☆☆☆
勘違い住民度	★★★☆☆
住民貧困度	★★★★☆
生活不便度	★★★☆☆

都営大江戸線

考え尽くされたルートには感服、しかし不満もいっぱいの路線

正式名称	都営地下鉄大江戸線
営業区間	都庁前〜光が丘
開業年	1991年
営業キロ	40.7㎞
駅　数	38駅

六本木や月島への移動を容易にした大江戸線の功績

都庁前駅を軸に置き、東京都心を横長の楕円を描くように環状に走る大江戸線。とにかく地下深くを走るというその特徴は、よく知られたところだ。そんな経緯からか、路線の愛称に「ゆめもぐら」なるものが名付けられそうになっていたこともある。正式路線名としては「東京環状線」が第一候補だったとか。

ただし、実際には環状運転はしておらず、都庁前駅を出た列車は春日・両国・汐留・六

本木と走って再び都庁前駅に戻り、そのまま練馬・光が丘方面に向かう運行形態である。そのため、時の東京都知事、石原慎太郎が「寝ていても同じところに戻ってくるのが環状線」「山手線や大阪環状線に似ていて紛らわしい」と激怒したという。

怒れる老害・慎太郎の真骨頂。この激おこ慎太郎の鶴の一声で愛称の「ゆめもぐら」も消え去り、「大江戸線がいい！」という判断によって現在の路線名称に落ち着いたという。そんなことよりもやるべきことがあったのではないかと突っ込みたくもなるけれど、今や大江戸線という名称も定着しているからまあ良しとしよう。

ルートはいいけど、とにかく〝深い〟〝狭い〟〝うるさい〟！

そんな大江戸線だが、実は意外と痒いところに手が届くルートを通っている。それまで日比谷線くらいしか通っておらず交通の便が悪かった六本木と新宿を直接結んだことは第一の功績である。再開発が進む汐留や、もんじゃの町として脚光を浴びていた月島への利便性も格段に向上したし、ＪＲ総武線・東西線・有楽町線と接続する飯田橋駅は、大江戸

とにかく深い場所を走っていて地上に出るのがひと苦労の大江戸線。

線開通によって都内屈指の交通の要衝となった。鉄道空白地帯の河田町付近や光が丘団地を通った点も大江戸線の功績である。

　一方でルート上の欠点といえば、両国駅がＪＲ総武線の両国駅改札口とかなり離れていることと、都営浅草線との乗換駅である浅草橋駅が改札外乗り換えであることくらい。大江戸線新宿駅が都営新宿線・新線新宿駅よりも深く遠くにあることを持って批判する声もあるが、新宿西口駅をうまく利用すればこれもあまり気にならない。

　しかし、である。こうしたルート上のプラス要素を補って余りある欠点も、大江戸線は持っているのである。そのひとつは、件の通りの〝深さ〟。大江戸線を利用したことがある人なら分かるだろう。目的地の交通案内に「大江戸線○○駅徒歩10分」と書いてあっても、それは出口から徒歩10分ということ。ところが、大江戸線の場合はホームから地上の出口まで10分以上かかることも珍しくないのだ。この大江戸線の深さは、まさにトラップそのものと言っても過言ではない。

さらに、建設コスト削減のために車両もトンネル幅も小ぶり。それがゆえ、カーブを曲がるたびに車輪とレールが擦れ合い、軋む音が車内に響く。隣の人と会話をするのもままならないほどの車内の騒音は、大江戸線の評判を地に落としている要因のひとつだ。それでいて、各駅にはナゾのオブジェをやたらと設けて豪華な作りを装っているから、東京都のお金の使い方の下手さには呆れるばかり。深くてうるさくて無駄に駅だけゴージャスな大江戸線は、東京都のムダ遣いの象徴なのである。

LINE DATA

路線・混雑率	155%
家賃相場	9.7万円
沿線㊙スポット	歓楽街（新宿、上野御徒町、六本木）、築地市場ほか

犯罪発生度	★★★★☆
メディア好感度	★★★☆☆
勘違い住民度	★★★☆☆
住民貧困度	★★★☆☆
生活不便度	★★★★★

ルールを知らないと恥をかく超地元密着型チンチン電車

都営荒川線

正式名称	都電荒川線
営業区間	三ノ輪橋〜早稲田
開業年	1911年
営業キロ	12.2㎞
駅数	30駅
愛称	東京さくらトラム

一度は乗ってみたいが初心者には気を付けたいトラップが……

かつて、東京都内に張り巡らされていた路面電車の路線網。それが赤字だったりモータリゼーションだったりで順次廃止されて地下鉄に置き換えられていき、最後に残ったのが現在の都電荒川線である。

本来、都電（戦前は市電）は主に山手線内を走る路線だった。山手線外を走る荒川線も、当初は王子電気軌道という民間企業によって建設されている。それを東京市が買収して、現在の荒川線になったというわけだ。そして今も唯一の都電として活躍している。

乗ってみればよく分かるが、どの駅（停留場）から乗っても混雑しており、座ることはなかなかままらない。荒川線は運賃均一の前乗り後降り。乗り慣れている沿線住民は、当たり前のように乗ったら車両後方へと詰めていくのだが、「荒川線って味があるよね」と気取った風体のバカマニアは、たいていが車両前方にデンと構えて前面展望を楽しもうとしたがる。そして車内全体からの冷たい視線を集めることになり、運転士からは気だるい声で「はい、後ろにつめてくださ～い」と注意されるのだ。

これはまさに荒川線素人か否かを見分ける試金石のようなものと言えるが、裏を返せば、都電荒川線沿線が「乗り慣れないよそ者は受け付けない」というスタンスを貫く〝内向きの街〟であるということの表れでもある。

沿線には特に見所なし……下町を眺める旅は続く

では、一体なぜ荒川線は都電廃止ラッシュの中で生き残ったのか？

今なお昭和の風情が色濃く残る都営荒川線。見所は……あまりない……。

理由は、ふたつ。

ひとつは、路面電車にありがちな〝道路上を走る区間〟がほとんどなかったため。現在、併用軌道は王子駅周辺のごく一部だけで、大半が車両進入不可の専用軌道。道路渋滞対策という都電廃止の大名目から免れるだけの十分な理由があったということになる。

そしてもうひとつが、走っている沿線環境である。荒川線が通っているのは、主に山手線外の豊島区・北区・荒川区。この沿線、バス路線はともかく、鉄道路線がほとんど通っていない。

南北方面には東京メトロ南北線や都営三

田線が通っているが、特に東西を結ぶ路線は存在しない。それがゆえ、荒川線は沿線住民のために残されて今に続いているのだ。

そんなわけで、沿線には鬼子母神や庚申塚、飛鳥山公園、あらかわ遊園など行楽地もなくはないが、大半は何のことはないごく普通の住宅地が広がっている。〝唯一残る都電〟というだけで変に注目を集めるが、実際はさほど見どころのない混雑と下町の排他性だけが目立つ路線なのだ。

そういえば、この春から荒川線には「東京さくらトラム」なる愛称が与えられたとか。沿線には桜も確かに咲くけれど、どちらかというと沿線住民も協力して整備されているバラの花が荒川線の名物。だから「東京ローズトラム」の方がお似合いである。

東京ローズというと、戦時中のプロパガンダ放送アナウンサーの印象が強いのかもしれないけれど。

LINE DATA

路線・混雑率	？%
家賃相場	7.4万円
沿線㊙スポット	ドヤ街（三ノ輪橋）、人妻風俗街（大塚駅前）ほか

犯罪発生度	★★☆☆☆
メディア好感度	★★★★★
勘違い住民度	★★★☆☆
住民貧困度	★★★☆☆
生活不便度	★★☆☆☆

荒川区と足立区の〝陸の孤島エリア〟を結んだ画期的路線

日暮里・舎人ライナー

正式名称	東京都交通局日暮里・舎人ライナー
営業区間	日暮里～見沼代親水公園
開業年	2008年
営業キロ	9.7km
駅数	13駅
愛称	足立区の救世主

新交通システムやモノレール路線で全国トップの乗車率!!

日暮里・舎人ライナーは東京都交通局が運営する新交通システムで、日暮里駅から北に延びて足立区内を縦断する路線である。開業したのは2008年。だが、その路線名の冴えない印象もあって、多くの人は馬鹿にしたものである。

「足立区のためにそんな路線作る必要があるのか？」

——と。ところが蓋を開けてみると、大方の予想に反して、日暮里・舎人ライナーは大

足立区の救世主となり、同区への人口増加にも貢献した日暮里・舎人ライナー。

成功を収めている。沿線には舎人公園などの行楽地（？）があるにはあるが、むしろほとんどが足立区の住宅地。

ただ、このエリアは人口が増加していたにもかかわらず、公共交通機関が存在しない鉄道空白地帯だった。それを埋めるように通った日暮里・舎人ライナーは、沿線のさらなる発展を促した。

あまりにも交通の便が悪く寂れていた舎人公園以北にも高層マンションが建ち並ぶようになり、日暮里・舎人ライナーそのものも開業以来、ダイヤ改正のたびに運転本数を増やしてきた。

そして気付けば２０１６年度の混雑率は

188％（赤土小学校前～西日暮里間）となった。これは、新交通システムやモノレール路線の中では、全国でも圧倒的なトップである。鉄道路線がいかに地域の発展と人口増を促すのか、それをよく教えてくれる路線なのだ。

ちなみに、終点の見沼代親水公園駅から少し北には埼玉県との都県境があり、それを超えると農地と住宅が点在する寂れた光景が広がっている。それだけでも日暮里・舎人ライナーの力を感じることができるのである。

「足立区を走る路線だからマナーが悪い」はウソ

そんなわけで、一部では「足立区の救世主」とも言われた日暮里・舎人ライナー。結果だけを見れば、この路線開通を鼻で笑った人たちの目は節穴だったというわけだ。

しかし、そんな節穴の目の持ち主たちは、おそらく当時のイメージを変えていないだろう。なにしろ、沿線はほとんど住宅地ばかりなので、よほどの機会がない限りはこの路線に乗る機会はない。「西新井大師西」という「西」がしつこい駅があり、これが文字通り西新井大師の最寄り駅かと思わせておいて、実際は徒歩で15分ほどという微妙な遠さだったり、舎人公園なる巨大な公園だってわざわざ他地域の住民が足を運ぶほどのものではない。

ただ、「足立区を走る路線だからマナーが悪そう」というのは偏見だ。足立区の中でも治安が悪いのはどちらかというと北東部で、この路線沿線はそれほどでもない。特に日暮里・舎人ライナー開通後は一本で山手線沿線に出られることもあって〝都会化〟が進み、都市部からの人口流入も加速している。

結果的にDQNタウン足立区内にして良民ばかりが暮らす沿線を抱えることになった。いやはや、日暮里・舎人ライナー、バカにしてすみませんでした。

LINE DATA

路線・混雑率	188%
家賃相場	6.5万円
沿線㊙スポット	心霊スポット（舎人公園）ほか

犯罪発生度	★★☆☆☆
メディア好感度	★☆☆☆☆
勘違い住民度	★★★☆☆
住民貧困度	★★★☆☆
生活不便度	★★★☆☆

フジテレビ斜陽とともにお台場一帯が撃沈？　両線の未来は？

りんかい線・ゆりかもめ

どっちに乗っても、行き先はどうせお台場

正式名称	東京臨海高速鉄道りんかい線
営業区間	新木場～大崎
開業年	1996年
営業キロ	12.2㎞
駅数	8駅

正式名称	東京臨海新交通臨海線
営業区間	新橋～豊洲
開業年	1995年
営業キロ	14.7㎞
駅数	16駅
愛称	ゆりかもめ

「臨海副都心」なる、なんともワクワクさせる愛称を持つお台場に向かって走る、ゆりかもめとりんかい線。どちらもお台場の中心地に向かうので、山手

終着駅がフジテレビだけに、発車メロディーは『踊る大捜査線』の主題歌……。

線の東側からならばゆりかもめ、西側からならばりんかい線を使えば、簡単にお台場での休日を過ごすことができる。

大きな違いはゆりかもめが高架、りんかい線がトンネルであること。ゆりかもめはレインボーブリッジも渡ってくれるが、だからこそ車窓に興奮しているかどうかでお上りさんか否かを判定できる機能を持つ。まあ、東京暮らしでもそうそうお台場なんて行く用事はないのだけれど。

そしてお台場といえば、フジテレビ。今や凋落した同局だが、それでもお台場の象徴であることは変わらない。何しろりんかい線の東京テレポート駅では、ＴＶシリーズ放送から20年経った『踊る大捜査線』の主題歌を発車メロディーに使い続けているほどだ。時代錯誤じゃないかと言いたくなるが、この曲で盛り上がっている人がいたりするから、ここもまたお上りさん判定機なのだろう。

夏と冬の〝あの日〟だけは、子ども連れで乗ってはいけない

そんなお台場アクセス路線の双璧・ゆりかもめとりんかい線だが、特に注目を集めるのが夏と冬。いずれも沿線に東京ビッグサイト（国際展示場）を持つ。ということは、そう、コミケである。別にコミケを否定するつもりはないが、コミケ開催中のゆりかもめ・りんかい線ほど修羅の国に近づいている路線はないのではないか。

コミケ来訪者は、どういうわけなのか、なぜか臭い。冬ならまだしも、夏コミでも「お前、風呂入ってねえだろ？」と言いたくなるような連中が大挙して、これらの路線に乗ってくる。そして国際展示場駅の改札口では、西宮神社の開門ダッシュさながらの勢いで大きなお友だちらが大競争。そして夕方になれば、一日中たっぷりと汗を吸い込んだチェックのシャツで再びゆりかもめ・りんかい線へＩＮするのだ。もちろん手には、とても子供に見せられないような薄い本とＤＶＤを抱えて……。

コミケ開催日は、そのスジに興味がある人でもなければ、わざわざ確認することはないだろう。だが、それでもチェックすることをおすすめする。知らずにコミケ開催中のゆり

かもめ・りんかい線に子ども連れで乗ってしまうと、オタクたちの強烈な汗の匂いが彼らにトラウマを植え付けることが確実だからである。

普段は観光に訪れたお上りさんや修学旅行の学生たちが中心ののどかな路線は、とにもかくにもコミケ開催期間中は一変するのである。

ちなみに、ゆりかもめには「市場前」なる駅がある。これはもちろん、中央卸売市場の移転先である豊洲市場の最寄り駅である。どうやら本当に移転は実現するようなので、今のうちに「市場のない市場前駅」に行ってみてはいかが？

ゆりかもめ LINE DATA

路線・混雑率	116%
家賃相場	11.3万円
沿線㊙スポット	歓楽街（新橋）、豊洲市場（市場前）ほか

犯罪発生度	★★☆☆☆
メディア好感度	★★☆☆☆
勘違い住民度	★★★☆☆
住民貧困度	★☆☆☆☆
生活不便度	★★★★☆

りんかい線 LINE DATA

路線・混雑率	135%
家賃相場	9.7万円
沿線㊙スポット	コミケ（国際展示場）ほか

犯罪発生度	★★☆☆☆
メディア好感度	★★★☆☆
勘違い住民度	★★☆☆☆
住民貧困度	★☆☆☆☆
生活不便度	★★★★☆

【第四章】山手線6大ターミナル 沿線格差を生み出す〝元凶駅〟設置秘話

無法地帯こそ、この街の伝統なのか？ ——渋谷駅

渋谷駅にどんなイメージを持っているだろうか。ひとつは、東急。東急東横線・東急田園都市線の発着するターミナルであり、東急百貨店や渋谷ヒカリエ、Bunkamuraなど東急絡みの商業施設も多い。渋谷駅を「ダンジョン」とも言われるほどに複雑怪奇な構造にしてしまっている犯人も東急である。また、今の渋谷の賑わいの基礎を築いたのも東急だ。東横線が渋谷駅に乗り入れて、その後東横百貨店の開業など渋谷駅を東急のターミナルとして開発していった。それまでは原宿方面に練兵場が広がる〝軍隊の街〟だった渋谷は東急によって繁華街に生まれ変わったのである。

もうひとつの渋谷のイメージは、「若者の街」といったところだろう。このイメージも、東急によって作られたと思われていることが多い。確かに渋谷の象徴的な商業施設「109」は東急のもの。だが、渋谷に若者文化を取り入れたのは東急ではない。西武グループの一端を成すパルコが1973年に渋谷に進出し、原宿方面にいた若者たちの誘客に成功。その頃すでに東急系の百貨店は客の高齢化が問題視される状況で、渋谷カルチャーと呼ばれるものは西武によって築かれたのである。

実は西武と渋谷の関わりはもっと古い時代からある。関東大震災後、西武グループの創始者堤康次郎が都心の名店を集めて移転させ、百軒店をつくっている。これが西武と渋谷の

関わりの始まりだ。結局名店は復興とともに都心に戻り、百軒店は今につながる猥雑な街になってしまったが、この〝猥雑さ〟を渋谷に持ち込んだのも西武だったのである。

そして最後にもうひとつ、渋谷のイメージがある。それは「無法地帯」。サッカー日本代表の試合のたびにバカなサカ豚どもが荒れ狂うのはもはや渋谷ではおなじみの光景。それはサッカーに限らずハロウィンや年越しにも見られ、渋谷には何か機会を見つけて暴れたいバカどもが集ってくるのである。

かつてはセンター街なんて無法地帯・渋谷の象徴のような扱いだったし、援助交際のメッカも渋谷だった。「馬鹿なガキとは違う」と言いたげなオトナだって、ハチ公前広場の閉鎖された喫煙所跡でポイ捨てをしまくるような連中だから底が知れている。渋谷ほど無法地帯と化している街は他にない。

だが歴史をたどると、この無法地帯こそ渋谷の伝統なのかもしれないという気がしてくる。戦前は東急の進出でそこそこかしこまった雰囲気も作られたが、もともと軍人さんが闊歩する街だった。円山町なんて花街と言えば聞こえがいいが、要は兵隊向けの売春宿が集まる街である。戦後も安藤昇率いる愚連隊が不良台湾人グループと銃撃戦を繰り広げたこともある。これによって台湾人グループは潰されたと言われるが、取って代わったのも所詮は愚連隊だった。

そもそも東横百貨店の食堂や喫茶店には安藤昇とそのお仲間が我が物顔で座っていたというから、一般人が気軽に入れるような雰囲気ではなかっただろう。軍隊の街から軍隊が消え、街の覇権を握ったのは警察も手に負えない不良外国人と愚連隊だったというわけだ。

さすがに今ではそんな不穏な輩は目立たなくなったが、それでも少し裏道に入れば怪しげな連中が溢れかえっているのも事実である。

西武グループの進出してきた公園通り方面は治安も改善されているが、センター街から道玄坂方面は未だに治安は池袋を遥かに凌駕する悪さである。

東急はそんな治安の悪さを見て見ぬふりでごまかして、駅前の再開発だけでやりすごそうとしているのが実態と言える。

つまり、渋谷の〝いい部分〟は西武がつくり、東急は〝悪い部分〟に目をつぶって開発を手がけてきたが、その結果、駅がダンジョン化してこれまた最悪に、というのが今の渋谷の現状である。現在、渋谷駅前は東急による再開発の真っ只中。だが、西武池袋線と直通する副都心線が渋谷にやってきて、パルコの建て替えも進んでいる。果たして、どちらが渋谷の覇権をつかむだろうか？

無秩序に拡大、拡張してきた街の姿——新宿駅

JRや私鉄をあわせた1日の利用者数は実に350万人。もちろん駅としては日本一であり、この数字は横浜市の人口とほぼ同じである。それだけの人々が交差する新宿駅は、

文字通り日本で一番のターミナルである。

そのため、新宿駅のカラーを定義しようとするとこれはなかなか難しい。新宿駅を中心とする〝街〟は、異常なまでに肥大化しているがゆえに、新宿三丁目付近・歌舞伎町・大久保・南口周辺・西口・高層ビル群など、実に多様な〝街〟が構成されている。これが新宿という駅を掴みどころのないものにしているというわけだ。むしろ、この巨大さこそが新宿駅の特徴と言えるのかもしれない。

では、どうして新宿はこれだけ巨大な駅になったのか。新宿駅の開業は1885年。日本鉄道によって品川～赤羽間の品川線、現在の山手線が開業した際に新宿駅も誕生している。現在の新宿三丁目付近に広がっていた甲州街道の宿場町・内藤新宿に近いことでこの場所に駅が設けられたというわけだ。北は青梅街道、南は甲州街道に挟まれた位置は開業時から変わっていないが、宿場町からやや離れた場所ということもあって開業当時の利用者はほとんどいなかったという。

ただ、この少し離れた宿場町以外は特に何もない地域に設けられた駅ということが、その後の発展に大きく寄与することになる。ひとつのきっかけが、西口に生まれた専売公社のタバコ工場と淀橋浄水場である。ここへの通勤客が新宿駅を利用することになり、明治末から昭和初期の時点で新宿駅は大変な混雑を見せるようになったという。今の新宿駅の混雑ぶりは、その当時からの伝統なのだ。

〝繁華街〟としての新宿は戦前に東口から内藤新宿（新宿三丁目）にかけて広がりを見せ

ている。ただ、渋谷駅が東急の百貨店経営によって繁栄したのに対して新宿駅は鉄道事業者による百貨店経営は見られず、現在の新宿繁華街のルーツは戦後の闇市に求めることができるだろう。

事実、今の西口側にある思い出横丁は闇市の名残である。さらに、つい90年代まで現東南口あたりにはとても気軽に近づけないようなやさぐれたバラック街が残っていたが、これも典型的な闇市の残滓である。

そんな新宿駅、同じく山手線西側に位置する池袋や渋谷と大きく違うのは、中央線という国鉄・JRの路線ながら異様な沿線文化を持つ路線が乗り入れているということ。新宿駅西口広場は60~70年代にかけて反戦フォークゲリラの舞台となり、簡単に言えば左翼インテリを気取った若者たちが集まる街となった。当然それは東口にも進出し、共産主義の歌を高らかに歌う歌声喫茶なるものまで誕生している。このあたりを見ると、大ターミナル新宿は、反権力の名のもとに拡大していったという見方もできそうだ。

だが、時の流れとともにそんな反戦のターミナルとしての面影は失われ、いつまでも学生運動の世界に浸かっていたい社会の落伍者たちは西へ流れて中央線文化の担い手となった。新宿に残ったのは、ただただ大きすぎる駅だけである。

しかし、そんな大きすぎる駅も郊外の拡大で東京西部の人口が増えるに従って手狭となり、延々と拡張工事を続けることになる。今もそれは継続中で、都民であっても現状の新宿駅の様相をすべて把握することは難しい。実は南北にJR、それをまたいで南側には甲州街道、北には青梅街道という構造を理解しておけばそれほど難解でもないが、地下の広がりを合わせて考えると、やはりややこしい。

つまるところ、新宿は周辺に繁華街が広がっているおかげで駅の拡張と言っても上下に広げるしかなかったのだ。そのため、線路の上に巨大な人工地盤を築いてそこに駅ビルを建てたり、地下街を東西に広げてきた。新宿最新施設のひとつであるバスタ新宿も、甲州街道南側の線路の上に作られた施設。

これまで、甲州街道が新宿の街の南限をなしていたが、ここ最近はそうでもなく、代々木駅を飲み込んでしまうのも時間の問題かもしれない。

ともかく、闇市の時代を経て反戦の旗のもとに若者たちが集い、今の雑多な繁華街が形成された新宿駅。これからも無節操・無計画な拡張は続くことだろう。地方出身者は、そんな新宿駅に立つと大都会の中での孤独を感じるという……。

何もない湿地帯から闇市を経て街ができた——池袋駅

池袋駅と言えば、ご存知の通り埼玉県の植民地である。なにせ郊外から池袋にやってくる路線は東武東上線にしろ西武池袋線にしろ、そしてJR埼京線にしたって全部埼玉県からやってくる。「北区や練馬、板橋もある」という反論もあるかもしれないが、それらの街だってお情けで東京都に入っているようなもので実態は埼玉県と大して変わらない。だから、池袋の街を歩いているのはほとんどが埼玉県民だと断じて間違いないのである。

最近は北口方面が中国の植民地化しているという見方もある。確かに中国人がやたらと増えているのは紛れもない事実。

だが、もともと池袋駅の北口あたりは風俗街やラブホ街が広がっているＤＱＮ街。最初から普通に暮らしているしがない小市民が近づけるような街ではなく、治安の悪さはそれほど変わっていないのであまり気にする必要はないだろう。

ともかく、そんな事情がゆえに池袋駅に対する一般的なイメージは極めて悪い。だからこそ、池袋駅を抱える豊島区や乗り入れる鉄道事業者、周辺の企業なんかは池袋のイメージの改善に躍起になっている。

その最たる例がサンシャインかもしれないが、アレは戦犯が首を吊った巣鴨プリズンの跡地なのだから、いくらイメージうんぬんをしたところでバカバカしい。

西武百貨店、東武百貨店は確かに池袋を象徴する存在だが、逆に〝駅から外に出たら危ない〟という街のネガティブイメージを定着させるだけの結果に終わっている気もする。

そんなわけで池袋のイメージは、いまだに山手線6大ターミナルの中では最低レベルとなっているのである。

そもそも、池袋に駅があることそのものが

摩訶不思議。日本鉄道品川線（品川〜新宿〜赤羽）が開通した当時は、池袋には駅など設けられなかった。それもそのはず、この地は何もない湿地帯だったからだ。地形的な事情からやむなく田端方面への分岐点として駅が設けられても、そんな場所だから発展などは見られず、戦前はむしろ大塚駅周辺のほうが栄えていたという。

それが一変したのは戦後になってから。東武や西武の先にある農村から野菜を仕入れて運び、池袋の駅前の闇市で売る。これが大当たりして池袋は急速に人が集まるターミナルへと育っていった。

埼玉直結だからこそ闇市が生まれ、闇市が生まれたからこそ街が賑わった。そして闇市が撤去されてからも、池袋は埼玉直結の繁華街となったのである。だから、今の池袋は埼玉直結だからこそ生まれたといっても過言ではないのである。成り立ちを振り返れば、池袋の埼玉植民地説はネタでもなんでもない事実だということだ。

戦後、東急百貨店が池袋に進出して東武・西武の牙城を崩そうとしたが見事に失敗したという。冷静に考えれば、洗練された都会らしさなんてかけらも持ち合わせない埼玉県民とヤクザが営む闇市によって作られた池袋に東急百貨店が受け入れられるハズもない。

だから、池袋には今も往年の裏社会の香りが残り、そして埼玉県民が集う。東京都民なら、埼玉県民が〝東京〟を味わえる街として残しておいてあげるくらいの優しさをみせてあげたいところだ。

開発は遅れに遅れたが、今や急成長急拡大の街——品川駅

今では東海道新幹線のターミナルともなり、駅周辺の発展が著しい品川駅。将来は中央リニア新幹線の始発駅にもなるという。本当に南アルプスをぶち抜くようなトンデモ新幹線が実現するのかどうかはともかく、品川が特に注目を集めているターミナルであることは間違いない。

1872年、日本の鉄道の始まりとともに開業した品川駅は、日本で最も古い駅のひとつである。だからその頃から発展の足がかりがあったということになる。ただ、〝品川〟の名の由来になった東海道品川宿は駅よりも南に離れたところにあり、さらに今は港南口として発展著しい東側は東京湾が広がるばかり。どちらかというとうらびれた街だった。それでも現高輪口は東海道沿いということもあって早くから発展が始まり、品川ブランドのベースになった。

一方の東側は、操車場や車両基地を設けるために埋立地開発が行われ、その車両基地が徐々に割譲される形で一般の施設の進出が始まった。その代表的なもののひとつが、食肉卸売市場。1936年に芝浦屠場として開場したのがその起源である。さらにその北側には1931年に運転を開始した下水処理場がある。この食肉市場も下水処理場も今もって現役だからなんとも言えないのだが、いずれにしても品川駅の西側は武蔵野台地東端の舌

状台地を中心に高級住宅地が構成されたのに対し、埋立地の東側は裏方施設を中心に歴史を刻んできたということになる。

こうした背景がゆえ、品川の発展は実に遅かった。1990年代の港南口の写真を見ると、駅そのものも田舎の小さな駅のような雰囲気だし、どうみても今のような清新なイメージとはかけ離れた場末感が漂っている。

それが一気に好転したのが東海道新幹線品川駅誕生である。東海道新幹線はJR東海の路線であり、当然品川駅もJR東海によって建設された。が、これにJR東日本が難色をしめして所有地を使わせるの使わせないのと大揉めに揉めたというエピソードがある。

JR東海とその他JR各社は犬猿の仲なのは鉄道関係者ならば誰もが知る話だ。それを地で行くようなトラブルが品川を舞台に展開されていたということだ。ただ、結局新幹線品川駅の開業が港南口を大きく生まれ変わらせることに繋がった。今では駅前にオフィスビルがいくつも建ち並び、大企業の本社も立地するようになった。利用者数の増え方は他の東京の大ターミナル駅とくらべても圧倒的。近年の品川は急速な発展を見せている。

東北出身者の心の故郷……も今は昔——上野駅

上野駅といえば、ご存知「東京の北の玄関口」……と言って差し上げたいところだが、そんな時代はとうの昔に終わっている。

北の玄関口と言われた由来は、新橋～上野間の鉄路がつながっていなかった時代に遡り、さらにその後も東北方面への長距離列車はほとんどが上野発着だったこと、そして東北・上越新幹線も上野駅が始発だった時代が長かったことにある。1960～1970年代には東北からの集団就職列車が上野駅にやってきて、東北出身者にとって故郷の香りを感じられる駅だったという。

それは、戦前からもそうだったようで、あの石川啄木も「ふるさとの訛なつかし停車場の人ごみの中にそを聴きにゆく」と上野駅のことを詠んでいるくらいだ。集団就職者の悲哀を歌った井沢八郎の『あゝ上野駅』も大ヒット。それだけ上野は東北出身者の心の拠り所だった。

また、上野駅は今に至るまで東京都内の駅の中では新宿駅と並んでホームレスが多いことでも有名である。上野から御徒町方面への地下通路や駅前のペデストリアンデッキ下が彼らの棲家となっている。ここにも東北出身者の拠り所たる駅だということが関係しているようだ。

東北の田舎から上野駅に出てきて夢を追ったが敗れ去り、それでもふるさとに帰ることもできない人生の落伍者たちが、少しでも東北の香りが薫る上野駅にねぐらを定める。こうした意味でも、上野駅の北の玄関口としての存在感は抜群であった。

ただ、駅の立地上、まるで東北地方の植民地のような上野駅の存在感は、どういった経緯をもって現出したのだろうか。他のターミナル駅は特に何もない場所に設けられて駅開業以降に街が生まれたが、上野駅は徳川寛永寺の末寺をごそっと潰して駅にしたという経緯があり、周辺は浅草の玄関口として住宅地や市街地が広がった。上野公園は明治初期に上野戦争の舞台にもなった。そんな街に突如現れた北の玄関口、上野駅。おかげで次々に東北出身者が上野駅に降り立って、瞬く間に植民地化が進んでいった。

　そういう歴史を省みると、上野駅の周辺の何とも言えない田舎臭さは東北と江戸の外れという〝地方〟が合体したがゆえのものだ。戦後の闇市をベースに発展したアメ横も、新宿や新橋の闇市と比べるとどうにも洗練されたイメージがない。上野駅の持っている独特の田舎臭さは、長年北の玄関口として活躍してしまったがゆえのものというわけだ。

　そんな上野駅に鉄道ファンは旅情を求めたりするようだが、結局は田舎者の郷愁に過ぎない。豪華クルーズトレイン四季島専用のラウンジやホームが設けられたところで上野駅の田舎臭さは消えないのだ。

　そもそも、このクルーズトレインの専用ラウンジは、ホ●のハッテン場として有名だったトイレを改装したものだ。それに、東北の玄関口としての役割は新幹線の東京駅乗り入れと上野東京ライン開通でほぼ失われている。

　過ぎ去った昔の〝北の玄関口〟としての思い出を胸に、旧ハッテン場を改装したラウンジに足を運ぶクルーズトレインの利用者たち。その胸に去来するものは一体何だろうか。

やんごとなき人のために造られたのが始まり——東京駅

多くの人は東京駅を日本の鉄道、そして東京の鉄道を代表する駅だと思っているかもしれない。それもあながち間違いではなく、あの煉瓦造りの丸の内駅舎は確かに日本の鉄道の象徴的存在だ。荘厳な構えの丸の内駅舎に実に現代的な八重洲口、そして周囲に広がるオフィス街と地下街に駅構内のあちこちに設けられている〝エキナカ〟ショップ。さらに、これまた日本の鉄道のシンボルである新幹線が一番多く発着するのも東京駅である。と、こうして見れば東京駅には日本の鉄道文化にまつわるもののほとんどすべてが揃っていると言っても過言ではない。駅弁だって全国各地のものを売ってるし。

しかし、実際歴史や成り立ちを振り返ってみると、東京駅はそれほど大層な駅ではないことが見えてくる。そもそも、山手線の6大ターミナル（東京・品川・上野・新宿・渋谷・池袋）の中で、東京駅は最も歴史が短い。新橋と上野を高架線で結んで〝中央停車場〟を設ける計画に基づいて、現在の山手線の中では後半に建設されて1914年に開業した。

新橋駅は1872年、上野駅は1883年の開業だから、それよりも30～40年も遅れてのことだ。当時の東京駅丸の内口周辺は陸軍の練兵場や警視庁、監獄などの施設が並び、雑草が生い茂る空き地もあるような地域だったという。江戸時代には武家屋敷(大名屋敷)

があるような場所で、それをすべて取り壊して更地にしたところから発展が始まったのだからそれもやむなし。東京駅開業時には、原野さながらの空き地を三菱に払い下げてオフィス街の建設が始まったばかりだった。

対して、八重洲口側には外堀の向こうに広がる日本橋の繁華街がある。つまり、駅の正面玄関たる東京駅丸の内駅舎はどちらかというと人気のない方面を向いて建てられたのだ。なぜか。それは、その先に皇居があったから。

つまり東京駅は我々庶民が利用できるような駅ではなく、天皇を始めとする皇族が利用するために設けられた駅だったということだ。人口密集地で古くからの繁華街も形成されていた八重洲口側には出入り口すら設けられなかったあたり、こうした東京駅の目的を象徴する事実である。

実際に、東京駅は戦前には〝皇族用〟の役割を担い、〝ラスト・エンペラー〟愛新覚羅溥儀の来日時にも丸の内駅舎から皇居に向かったという記録が残る。他にも東京駅は度々歴史的な事件の舞台になっており、原敬・浜口雄幸と二人の現役総理大臣が襲撃された現場でもある。

一方、八重洲側にも遅れて1929年にようやく出入り口が設けられたが実にこぶりなものであり、〝申し訳程度〟というコトバがしっくり来るレベルのものだったという。そもそも日本橋の市街地とは外堀で隔てられていたこともあって、東京駅との結びつきは弱かったのだろう。ともあれこうした歴史的な経緯から、東京駅は他のターミナル駅のように駅を中心とした繁華街文化の形成が見られることはなかったのである。

戦後になると皇族専用とも言っていられず、どちらかというと庶民向けの八重洲口を中心に発展していった。新幹線の開業や在来線利用者の増加によって駅は大きく拡張。空襲で焼け落ちた丸の内駅舎は暫定的に建て替えられた状態のままで使われてきたが、2012年に開業当時の姿に復元されて今に至る。

そんな東京駅だから、今も東京駅らしさ、なんてものはひとつもない。いわば無個性である。駅構内の店舗や駅弁屋、駅周辺を含めて全国の名産品が集まる駅ではあるが、それをもって東京駅らしさ、というのにはムリがある。

それどころか、あまりにも周辺が発展してしまったために駅構内に余裕がなくなり、横須賀線・総武本線や京葉線のために地下ホームを設ける有様となっている。特にたどり着くまで10分以上かかる京葉線地下ホームは悪名高く、東海道新幹線も品川に停車する今では東京駅の地位の低下は進むばかり。

他の駅のような〝色〟がないがゆえ、ありとあらゆる列車が発着するという利便性がウリだった東京駅も、もしかすると衰退の道を歩み始めているのかもしれない。

あとがきにかえて――

沿線文化が生まれるワケ……

鉄道路線には、それぞれのカラーがある。それは個性、特徴のようなもののこと。本書でも見てきたように、乗客のマナーが悪い路線から沿線に治安の悪い街が連なる路線、イメージこそいいけれど実態は不便かつ不気味な新興住宅地、高齢化が進むばかりの団地群路線などなど。さらに、中央線カルチャーに代表されるように、それぞれの路線特有の文化が生み出されることもある。駅ごとに多少の違いはあっても、全体で見ると似通った雰囲気を持ついわゆる〝沿線文化〟である。

もともと、鉄道とは町と町を結ぶ交通機関としての役割しかないはずである。東海道新幹線が東京・名古屋・大阪を結んでいるように、離れている町と町を結ぶのが鉄道だ。本来、〝文化〟など期待されていないはず。そこに沿線文化が生まれ、路線ごとのカラーが形作られるのは一体なぜなのだろうか。

その答えとして、しばしば言われるのが地域色だ。確かに鉄道があろうがなかろうが、地域ごとにその気候や地理的条件などを要因とする独自の文化が形成されることは多い。しかし、江戸時代の参勤交代を通じて全国的に地域文化は均質化が進み、明治以降は鉄道網の充実によって地域ごとの特色は失われていったと分析する方が現実的である。

それは今の時代、全国どこに行っても〝プチ東京〟のような町が広がっていることからも理解できるだろう。

それに、鉄道路線ごとの沿線文化はそれほど地理的・気候的条件に差があるわけでなく、歴史的な成り立ちもさほど変わらない狭い範囲で形成されているケースが多い。ＪＲ中央線と京王線と小田急線で、〝沿線文化〟形成の鉄道以外の要因などは少ない。だから、沿線文化を産み出したのは、やはり鉄道路線そのものにほかならない。

では、町と町を結んで人とモノの交流を促し、むしろ文化の均質化を進めるはずの鉄道路線がなぜ沿線文化を産み出したのか。ひとつの答えは、私鉄の沿線開発にあるとするのが妥当だろう。

私鉄の沿線開発とは、簡単に言えば鉄道路線の利用者を確保するため沿線に住宅地や遊興施設、教育施設などを開発・誘致するもの。これを初めて手掛けたのが関西の私鉄の雄・阪急電鉄とされる。阪急電鉄創業者の小林一三が沿線に分譲住宅地を設け、さらに宝塚歌劇団などのレジャー施設、ターミナル梅田に駅直結の百貨店を設けることで、平日の通勤から休日の買い物・レジャーまですべてを沿線内でカバーした。これが見事に大当たりして、全国の私鉄に拡大していったのである。

関東地方では、特に東急（五島慶太）や西武（堤康次郎）が同様の方法で沿線開発に取り組んだ。東急東横線における慶應義塾大学を始めとする大学の誘致や田園調布の住宅地開発、ターミナル渋谷での百貨店建設などは阪急の手法と全く同じである。

余談にはなるが、この沿線開発の手法は関東だけでなく名古屋や福岡にも広がっており、名古屋鉄道（名鉄）や西日本鉄道（西鉄）も時代こそ遅れたものの同様の開発に取り組んでいる。

こうした背景を踏まえると、実は全国的に見たときに〝私鉄沿線〟はどこも同じような雰囲気を持っている。特に大正から昭和初期にかけて誕生した私鉄路線沿線はこの傾向が強い。両端や一部の沿線都市以外は人口希薄地帯だったところに住宅地を作って〝郊外〟を拡大し、沿線人口を増やして利用者を確保した。だから、今でも大手私鉄の沿線には似たような住宅地やニュータウンが広がっているし、都心に近いターミナルには系列百貨店がある。そして各駅の駅前にも系列企業のスーパーマーケットが店を構え、これまた系列企業によるレジャー施設・観光施設が沿線に広がっている。つまり、マクロな視点でみると、実は沿線文化は全国的に均質化しているのである。

だが、実際には各沿線ごとの違いは目立つ。京急には京急のカラーがあるし、同じ東急でも田園都市線と東横線では大きな違いがある。関西に目を向けても、同じように大阪と神戸を結んでいても阪急神戸線と阪神本線の間では客層から沿線の雰囲気まであまりにも大きな違いがある。

全国的にみれば似たり寄ったりでも、地域内で見れば違いが大きい。これが、沿線文化の違いということになる。

地域内で沿線文化に差が生まれることについて、関西の大阪から神戸間を例にとってみたい。阪急神戸線と阪神本線は、前述の通り沿線の雰囲気がまったく別物である。

簡単に言えば、阪急沿線は高級住宅地で乗客もどちらかと言えば上品でマナーもいい。

一方、阪神沿線は明らかに猥雑な町が連なり、高級住宅地というよりは〝団地〟中心だ。地価も家賃も阪神のほうが遥かに安く、それを示すかのように阪神の利用者は身なりも明らかに低所得者のそれだったりする。もちろんごく普通の乗客が大半だが、明らかに汚らしい乗客は阪急ではめったに見かけない（禁煙のホームで平気な顔をしてタバコを吸っているのも阪神の駅ではお馴染みの光景となっている）。

この阪神と阪急の違いは、やはり地理的な条件の違いに要因を求めざるを得ない。阪神間は六甲山地が海岸線まで迫っており、古くからの居住地は海沿い、すなわち阪神沿線に限られる。そこで阪急沿線にあたる山側に新たに住宅地を切り開き、これが高級住宅地として発展していった。一方、海沿いの阪神沿線には港湾労働者たちが多く暮らすようになり、結果として海側と山側で〝格差〟が生まれ、それぞれの沿線の文化・雰囲気を異なるものにしていったのである。

同じ地域を走っていても、わずかな場所の違いがこれだけの結果を生むのが、沿線文化というわけだ。これは首都圏に目を向けても同じことで、歴史ある街道筋に近い路線は古くからの宿場町を中心とした市街地が形成される。それに対して東横線のような完全に新しい路線は駅を中心として市街地化が進む。

結果、駅中心の沿線にはその路線・事業者の個性が色濃く反映され、宿場町中心の沿線には事業者の個性が薄れて古い市街地と新たに開発された住宅地が混在することになる。これが、主に首都圏の沿線文化の違いにつながっていると言えるだろう。

具体的に言えば京急の形成は典型的な〝宿場町〟タイプである。それが下町感のある沿線文化につながっている。一方、小田急や東急東横線は〝駅中心〟タイプで、どの駅前も似たような雰囲気なのはそれが理由である。加えて沿線に大学があれば学生が多く集まることでそれに応じた文化が生まれ、高級住宅地があれば、それもまたひとつの路線の雰囲気を形作る。こうして沿線ごとの文化の違い、カラーの違いが生まれるのである。

ただ、すべてがこうした説明で片付けられるわけではない。首都圏で言えば、東武やＪＲ中央線は、必ずしも事業者主体の沿線開発によって発展してきた路線ではない（ＪＲ中央線に至っては元国鉄なので当然だが）。

また、東武伊勢崎線もその開通は明治半ばと非常に古く、国有化を免れたという経緯から見てもどちらかというと国鉄・ＪＲの路線に近い特徴を持っている。

私鉄の多くは路線距離が短く、沿線の開発によって利益をあげていく必要がある。それに対して、旧国鉄系の路線は利益以上に長距離を走って主要都市同士を連絡するという役割に重きが置かれるのが一般的だ。

中央線は東京と甲府を結ぶという役割、東武伊勢崎線も東京と両毛地域を結ぶという役割が大きく、その中間にある沿線の整備はあくまでも〝おまけ〟にすぎない。特急など優等列車の運転でいかに長距離を効率的に結ぶか。それを実現させた上でその余力をもって地域輸送を充実させていくというのが基本的な流れなのだ。

もちろん、東武伊勢崎線の場合は国鉄に近いとは言え私鉄なので、大正から昭和にかけての阪急や東急に代表される私鉄沿線開発ラッシュの波にも乗っており、百貨店が入居する東武浅草駅はその象徴である。しかし、長大な沿線の開発までは手が及ばず、それは戦後の爆発的な人口増加に伴う郊外の拡大・団地建設まで待つことになる。

つまり、分かりやすくまとめると阪急や東急のような〝私鉄系〟の沿線文化は事業者の意図が大きく反映されるもので、「利用者を確保するために沿線開発をする」という方針が創業時から今に至るまで徹底されている。

一方、JR線や東武伊勢崎線のような〝国鉄系〟では積極的な沿線開発をしたわけではなく、むしろ事業者の意図とは無関係に発展した結果沿線文化が形作られていった。先に鉄道、その後人口増加に伴い沿線文化の形成、という流れだ。開通時にはなかった駅があとから作られたケースが多いのも、その証拠であろう。

中央線文化は、まさにその代表的なものであり、東京西部（多摩地域）の人口増加が激しくなった高度経済成長期以降、地域輸送の充実が図られていった。伊勢崎線も戦後の団地群建設が進んで沿線人口が増加し、それに伴って鉄道の利用者も増えたという流れ。もちろんこれは、その他のJR線である常磐線や総武線、東海道線などでも同様である。

この傾向の違いは、どの沿線に暮らすかを考えるにあたって大きな意味を持つ。私鉄系の沿線であれば、事業者の意図が沿線開発に大きく影響しているので街道筋の路線で古い市街地と混在していても、沿線住民の〝質〟は事業者によってある程度コントロールされてきた。当然、乗客のマナーもある程度のレベルが確保されていると思って良い。

一方、国鉄系の路線はこうしたコントロールが一切効かない。さらに、私鉄系沿線は事業者によって〝ブランド価値向上〟が図られてきたため地価や家賃相場が高くなる傾向にあるが、国鉄系はそれもないため家賃相場が抑えられる。また、国鉄系は路線距離が長いにもかかわらず〝乗り換えなしで都心に出られる〟というメリットがあるため、長距離通勤を厭わないような人たちも沿線に家を構えることになる。こうなれば当然沿線住民の所得には格差が生まれ、所得格差はすなわちDQN度に直結するものだから、国鉄系沿線にはDQN系住民が多くなるというわけだ。

実際、中央線だって〝中央線文化〟〝中央線カルチャー〟などと言っているが、実のところは学生気分が抜けない連中の生み出すひねくれたサブカル崩れにすぎないし、車内で酒盛りが行われる常磐線の民度はご存知の通り。宇都宮線や高崎線もしかり、国鉄系に含みたい東武の各路線もしかり、どこをとっても民度がいいとは言えない路線ばかりである。

一方、私鉄系では〝宿場町〟タイプの路線では民度がどうしても低くなりがちだが、それでも国鉄系よりはだいぶマシ。さらに、東横線や小田急線などを選べば事業者のコントロールが良く効いた、悪く言えば〝いいなり〟のような住民が多いので逆にDQN度が低くなり、住みやすい町になっているのである。

もちろん、この法則がすべての地域・路線に当てはまるとは言えないし、人口の流動が激しい昨今ではまったく真逆のケースも見られるようになった。典型的な私鉄系だった西武新宿線沿線が、歌舞伎町の売れないキャバ嬢・ホストが多い路線になったのは水商売系のバブル崩壊が影響しているように、社会的要因も大きい。しかし、沿線価値を判断するある程度の目安になることは間違いない。

どの町に暮らすかを考えるとき、また鉄道の旅を楽しむとき、こうした要素も含めて考えてみると、より正解に近づけることだろう。

了

首都圏沿線格差研究会

（しゅとけんえんせんかくさ・けんきゅうかい）

◉週刊誌や月刊誌、専門誌、ネット記事など、多方面で執筆活動を展開するライター集団。前職は塾講師や公務員など様々で、雑多なジャンルの記事を担当しているが、これまで培ったデータなどを用いて鉄道関係の取材・執筆を得意としている。

誰も書けなかった首都圏沿線格差 inディープ

2017年10月12日初版発行

著　　者｜首都圏沿線格差研究会・編
編　　集｜日笠功雄（V1 PUBLISHING）
編集協力｜鼠入昌史（Office Ti＋）
表紙・本文デザイン｜中田薫（V1 PUBLISHING）

発行人｜笠倉伸夫
編集人｜伊藤貴信
発行所｜株式会社笠倉出版社
〒110-8625　東京都台東区東上野2-8-7　笠倉ビル
☎0120-984-164（代表）
郵便振替　00130-9-75686

印刷・製本｜株式会社光邦

ISBN978-4-7730-8906-6